하루 한 장 그날의 역사를 기르는 **학습 계획표**

2권	주제명	진도	학습 계획일	목표 달성도
	고려는 후삼국을 어떻게 통일하였을까?	1주 1일	월 일	☆☆☆☆☆
	태조 왕건은 고려를 어떻게 다스렸을까?	1주 2일	월 일	☆☆☆☆☆
	광종과 성종은 국가 체제를 정비하기 위해 어떤 노력을 하였을까?	1주 3일	월 일	☆☆☆☆☆
	두 번의 반란으로 고려가 위기를 맞게 되었다고?	1주 4일	월 일	☆☆☆☆☆
	무신들이 고려의 권력을 잡았다고?	1주 5일	월 일	☆☆☆☆☆
	도전! 한국사능력검정시험	2주 1일	월 일	☆☆☆☆☆
	거란은 왜 고려를 침입하였을까?	2주 2일	월 일	☆☆☆☆☆
	고려는 계속된 거란의 침입을 어떻게 막아 냈을까?	2주 3일	월 일	☆☆☆☆☆
	고려와 여진의 관계는 어떻게 달라졌을까?	2주 4일	월 일	☆☆☆☆☆
1	고려는 몽골의 침입에 어떻게 저항하였을까?	2주 5일	월 일	☆☆☆☆☆
고려의 성립과 변천	원의 간섭으로 고려 사회는 어떻게 변하였을까?	3주 1일	월 일	☆☆☆☆☆
	공민왕은 원으로부터 벗어나기 위해 어떤 개혁 정책을 실시하였을까?	3주 2일	월 일	☆☆☆☆☆
	도전! 한국사능력검정시험	3주 3일	월 일	☆☆☆☆☆
	고려는 주변 나라들과 어떤 것을 교류하였을까?	3주 4일	월 일	☆☆☆☆☆
	고려 시대의 사람들은 어떻게 생활하였을까?	3주 5일	월 일	☆☆☆☆☆
	고려에서는 어떤 종교와 학문이 발달하였을까?	4주 1일	월 일	☆☆☆☆☆
	고려의 불교문화를 대표하는 문화재를 살펴볼까?	4주 2일	월 일	☆☆☆☆☆
	고려를 대표하는 공예품은 어떤 것이 있을까?	4주 3일	월 일	☆☆☆☆☆
	고려는 어떻게 인쇄 강국이 되었을까?	4주 4일	월 일	☆☆☆☆☆
	도전! 한국사능력검정시험	4주 5일	월 일	☆☆☆☆☆
	조선은 어떻게 등장하였을까?	5주 1일	월 일	☆☆☆☆☆
	한양은 왜 조선의 수도가 되었을까?	5주 2일	월 일	☆☆☆☆☆
	조선은 나라의 기틀을 어떻게 세웠을까?	5주 3일	월 일	☆☆☆☆☆
	조선은 제도를 어떻게 마련해 나갔을까?	5주 4일	월 일	☆☆☆☆☆
	조선 전기에는 다른 나라와 어떻게 지냈을까?	5주 5일	월 일	☆☆☆☆☆
	사림은 어떻게 성장해 나갔을까?	6주 1일	월 일	☆☆☆☆☆
	도전! 한국사능력검정시험	6주 2일	월 일	☆☆☆☆☆
	세종은 누구를 위해 훈민정음을 만들었을까?	6주 3일	월 일	☆☆☆☆☆
	조선의 발전을 가져온 과학 기술은 무엇이 있을까?	6주 4일	월 일	☆☆☆☆☆
2	조선에는 어떤 신분 제도가 있었을까?	6주 5일	월 일	☆☆☆☆☆
조선의 성립과 발전	조선 시대 유교 윤리와 양반 문화는 어떻게 발달하였을까?	7주 1일	월 일	☆☆☆☆☆
	도전! 한국사능력검정시험	7주 2일	월 일	☆☆☆☆☆
	임진왜란은 왜 일어났을까?	7주 3일	월 일	☆☆☆☆☆
	의병과 관군은 일본에 어떻게 맞서 싸웠을까?	7주 4일	월 일	☆☆☆☆☆
	7년간의 전쟁은 어떻게 막을 내렸을까?	7주 5일	월 일	☆☆☆☆☆
	광해군은 조선을 일으키기 위해 어떤 노력을 하였을까?	8주 1일	월 일	☆☆☆☆☆
	정묘호란은 왜 일어났을까?	8주 2일	월 일	☆☆☆☆☆
	병자호란은 왜 일어났을까?	8주 3일	월 일	☆☆☆☆☆
	왜란과 호란이 끝난 후 조선의 대외 관계는 어떻게 변화하였을까?	8주 4일	월 일	☆☆☆☆☆
	도전! 한국사능력검정시험	8주 5일	월 일	☆☆☆☆☆

한국사의 흐름이 한눈에 쏙!
하루한장 한국사 2권 **연대표**

- 918년 왕건이 궁예를 몰아내고 고려 건국
- 936년 고려의 후삼국 통일
- 광종이 왕권 강화를 위해 노비안검법과 과거제 실시
- 993년 거란의 1차 침입과 서희의 담판
- 1018~1019년 거란의 3차 침입과 강감찬의 귀주 대첩
- 1107년 윤관이 여진을 몰아내고 동북 9성 축조

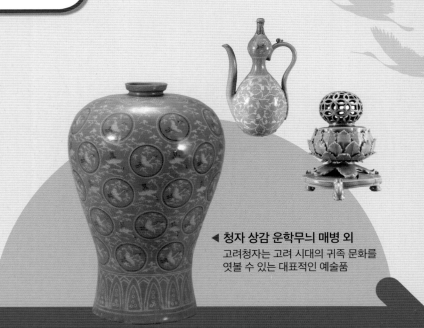

◀ **청자 상감 운학무늬 매병 외**
고려청자는 고려 시대의 귀족 문화를
엿볼 수 있는 대표적인 예술품

고려

- 이자겸의 난, 묘청의 서경 천도 운동으로 문벌 사회 동요
- 1170년 무신에 대한 차별 심화로 무신 정변 발생
- 무신 정권의 성립과 농민·천민의 봉기
- 몽골의 침입과 고려의 항쟁
- 원 간섭기, 권문세족의 등장
- 공민왕의 개혁 정책과
  신진 사대부, 신흥 무인 세력의 성장

▲ **팔만대장경판**
부처의 힘으로 몽골의 침입을
이겨 내고자 글자를 새긴
8만여 장의 목판

하루 한 장 학습이
끝나면 학습지 ①쪽의
발자국을 오려 붙이세요.

한국사 학습을 위한 **나의 발자취**

| 1주 1일 | 1주 3일 | 1주 5일 | 2주 2일 | 2주 4일 | 3주 1일 | 3주 3일 | 3주 5일 | 4주 2일 | 4주 4일 |

| 1주 2일 | 1주 4일 | 2주 1일 | 2주 3일 | 2주 5일 | 3주 2일 | 3주 4일 | 4주 1일 | 4주 3일 | 4주 5일 |

- 1388년 이성계가 위화도 회군으로 정권 차지
- 1392년 조선 건국
- 1398년 이방원이 왕자의 난을 일으키고 정권 차지
- 1446년 세종의 훈민정음 반포
- 1485년 성종 때 조선의 법전인『경국대전』반포
- 사림이 화를 입은 사화 발발

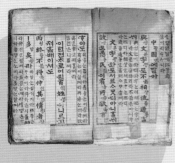

▲『훈민정음』언해본
세종이 백성을 위한 글자인
훈민정음을 창제·반포

◀ 자격루
세종 때 꽃피운 과학 기술의 하나로,
스스로 시각을 알려 주는 물시계

조선 전기

▶ 이순신
임진왜란에서 옥포 해전을
시작으로 일본군과의
해전에서 잇따라
승리한 조선의 무신

- 1592년 일본의 침략으로 임진왜란 발발
- 이순신과 수군, 의병의 활약
- 광해군의 복구 사업 실시와 중립 외교 실시
- 인조반정으로 광해군이 쫓겨나고 인조가 왕위에 등극
- 1627년 후금의 침략으로 정묘호란 발발
- 1636년 청의 침략으로 병자호란 발발
- 인조가 삼전도에서 굴욕적인 항복

5주 1일
5주 2일
5주 3일
5주 4일
5주 5일
6주 1일
6주 2일
6주 3일
6주 4일
6주 5일
7주 1일
7주 2일
7주 3일
7주 4일
7주 5일
8주 1일
8주 2일
8주 3일
8주 4일
8주 5일

하루한장 한국사 주요 주제 미리 보기

1주 1일

1. 고려의 성립과 변천

고려는 후삼국을 어떻게 통일하였을까?

다음은 경상북도 안동시에서 해마다 정월 대보름에 벌어지는 차전놀이를 그린 그림이다. 차전놀이 모습을 색칠해 보고, 이 안에 담겨 있는 이야기는 무엇일지 생각해 보자.

견훤군

서부

왕건군

동부

색칠해 보자

큰별쌤의 영상

차전놀이는 동군과 서군으로 편을 가른 뒤, 상대편의 통나무로 만든 사다리를 눌러 땅에 닿게 하면 승리하는 놀이야. 이 놀이는 고창(지금의 안동)에서 벌어진 고려와 후백제의 고창 전투에서 유래하였다고 해. 당시 고려의 왕건은 고창 지역 호족들의 도움으로 후백제의 견훤을 무찌르고 전투에서 승리를 거두었는데, 이를 기념하며 차전놀이가 전해진 거란다. 고려와 후백제의 전투, 그리고 왕건과 견훤의 등장! 신라 말 혼란했던 분위기 속에서 어떤 일이 벌어졌는지 궁금하지? 후삼국 시대가 어떻게 열리게 되었고, 고려가 후삼국을 어떻게 통일하였는지 우리 함께 알아보자!

혼란 속에서 시작된 후삼국 시대

신라 말 귀족들의 왕권 다툼으로 정치가 혼란스러워지고 백성들의 생활은 힘들어졌어. 이 틈을 타 지방에서는 새로운 정치 세력이 등장했지. 바로 군사력과 경제력을 바탕으로 각 지방을 다스리던 호족이었어.

여러 호족 중에서 신라를 대신할 새로운 나라를 세우는 데 성공한 사람은 바로 견훤과 궁예야. 견훤은 신라의 군인 출신으로 완산주(전주)에 후백제를 세웠어. 신라의 왕족 출신이라고 전해지는 궁예는 송악(개성)에 도읍을 정하고 후고구려를 세웠지.

이처럼 후백제와 후고구려가 세워지면서 신라, 후백제, 후고구려의 삼국으로 나뉘게 돼. 이 세 나라가 서로 경쟁하던 시기를 후삼국 시대라고 한단다.

왕건, 궁예를 몰아내고 고려를 세우다

송악의 호족인 왕건은 궁예가 후고구려를 건국할 때 크게 공을 세운 인물이야. 왕건은 궁예의 신하가 되어 후백제의 금성(나주)을 점령하는 등 공을 세워 높은 지위에 올랐지. 이에 많은 사람이 왕건을 믿고 따랐어.

> 너 반란을 꾸미고 있지?

한편 궁예는 스스로를 미륵불이라고 하며 사람의 마음을 꿰뚫어 볼 수 있는 관심법을 가지고 있다고 하였어. 그러면서 관심법을 핑계로 죄 없는 사람들을 의심하고 죽였지.

결국 왕건은 난폭해진 궁예를 몰아내고 왕위에 오르게 돼.

미륵불
석가모니 다음으로 부처가 되는 미래의 부처로, 당시 사람들은 언젠가 미륵불이 내려와 사람들을 구원할 것이라고 믿었다.

> 나 왕건은 나라 이름을 고려라고 하겠다!

왕건은 고구려를 계승한다는 의미로 나라 이름을 '고려'로 고치고, 도읍을 철원에서 송악으로 옮겼단다. 이렇게 고려의 역사가 시작되었어.

후삼국을 통일한 고려

고려를 세운 왕건은 후삼국 통일의 뜻을 품게 되었단다. 고려는 후백제와 겨루면서 신라와는 좋은 관계를 유지하였어.

공산 전투 후백제의 견훤이 신라를 공격하자 왕건은 신라를 돕기 위해 군사를 이끌고 신라로 갔어. 왕건은 후백제로 돌아가던 견훤의 군대와 공산(대구)에서 마주쳐 싸웠지만, 크게 패하고 말았단다.

고창 전투 고려는 고창(안동)에서 후백제와 다시 맞붙게 되었어. 고창 지역 호족들의 도움으로 이 전투에서 크게 승리한 고려는 후삼국 경쟁의 주도권을 잡게 되었지.

한편 후백제에서는 견훤과 그의 아들 신검이 왕위 계승 문제로 다투었어. 결국 신검이 아버지 견훤을 금산사에 가두고 왕위에 올랐지. 분하고 억울한 견훤은 금산사를 탈출해 왕건을 찾아갔고, 왕건은 견훤을 따뜻하게 맞아들였어. 이 소식을 들은 신라의 경순왕도 더는 나라를 유지하기 어렵다고 생각하여 스스로 나라를 고려에 넘겨주었어.

일리천 전투 신라를 흡수한 왕건은 후백제를 총공격하였어. 결국 고려는 신검의 후백제군과 벌인 일리천 전투에서 승리하며 후삼국을 통일하게 되었단다.

고려의 후삼국 통일은 후백제와 신라를 통합하고, 거란에 멸망한 발해 유민까지 받아들여서 이룬 민족 통일이었단다.

고려의 건국과 후삼국의 통일

여진
발해 유민 포용
안북부(안주) · 화주(영흥)
서경(평양)
후고구려 건국 (901)(궁예)
고려
송악(개성) 철원
고려 건국(918) (왕건)
송악 천도(919)
우산
동해
황해
천안
운주 (홍성)
고창(안동)
후백제 멸망 (936)
완산주(전주)
후백제
일리천(선산)
금성(경주)
대야 (합천)
공산 (대구)
신라
후백제 건국 (900)(견훤)
강주(진주)
금성(나주)
신라 항복(935)
남해
건국 전 왕건의 점령지
탐라
일본

→ 왕건의 진격로
→ 견훤의 진격로
✱ 주요 전투지

드디어 후삼국을 통일하게 되었구나!

왕건

신검

| 고려의 건국과 후삼국 통일 |

❶ 신라, 후백제, 후고구려의 세 나라가 서로 경쟁하던 시기를 □□□ 시대라고 해.

❷ 왕건은 고구려를 계승한다는 의미로 나라 이름을 '□□'라고 했어.

❸ 고려의 후삼국 통일은 □□ 유민까지 받아들여서 이룬 민족 통일이었어.

---

1 각 인물에 대한 설명을 바르게 선으로 이으시오.

(1) 견훤
(2) 궁예
(3) 왕건

ⓐ 송악에 도읍을 정하고 후고구려를 세웠다.

ⓑ 완산주에 도읍을 정하고 후백제를 세웠다.

ⓒ 난폭해진 왕을 몰아내고 왕이 된 후, 고려를 세웠다.

---

2 다음 (가)~(라)를 후삼국 통일 과정에 맞게 순서대로 나열하시오.

(　　　) → (　　　) → (　　　) → (　　　)

(가) 왕건이 고려를 건국하였다. 　　　 (나) 왕건이 신검의 후백제를 멸망시켰다.

(다) 왕건이 고창 전투에서 견훤을 이겼다. 　　　 (라) 경순왕이 신라를 고려에게 넘겨주었다.

한국사능력검정시험 기출

3 다음 가상 영화에서 볼 수 있는 장면으로 적절하지 <u>않은</u> 것은? 　　　　(　　)

6월 영화 상영작 안내

후삼국을 통일하라!

왕건!

감독 ○○○ 주연 △△△

①
#1
진포에서 왜구를 물리치는 최무선

②
#2
왕위에서 쫓겨나는 궁예

③
#3
고려에 항복하는 경순왕

④
#4
일리천 전투에서 패배하는 신검

태조 왕건은 고려를 어떻게 다스렸을까?

 다음은 왕건의 결혼식이 열리고 있는 모습이다. 이날 결혼한 부인을 포함하여 왕건에게는 모두 몇 명의 부인이 있는지 세어 보고 빈칸에 알맞은 수를 써 보자.

> 저의 부인은 모두 ☐ 명입니다.

고려는 후삼국을 통일하였지만 지방의 호족들은 여전히 자신의 지역을 다스리며 독자적인 세력을 유지하고 있었어. 그래서 왕건에게는 호족들을 자기편으로 만드는 것이 중요한 과제였지. 이때 왕건이 선택한 방법 중 하나가 바로 '결혼'이었단다.

왕건은 세력이 강한 호족의 딸들과 결혼을 하여 자기편으로 만들었어. 여러 번의 결혼으로 왕건은 아들 25명과 딸 9명, 총 34명의 자식을 두게 되었지.

그럼 왕건이 이러한 결혼 정책 외에도 고려를 안정적으로 다스리기 위해 어떤 정책을 펼쳤는지 우리 함께 알아볼까?

큰별쌤의 영상

고려를 세운 태조 왕건의 정책

태조 왕건은 신라 말부터 계속된 정치적 불안 속에서 떠나버린 백성들의 마음을 되찾고자 노력했어. 법에 따라 세금을 거두어 백성의 부담을 가볍게 하고, 흑창을 세워 가난한 백성들이 굶주리지 않도록 힘쓰는 등 백성의 생활을 안정시키기 위한 정책을 펼쳤지.

그리고 후삼국 통일 이후에도 여전히 지방에서 독자적인 세력을 유지하던 호족들을 포섭하여 자기편으로 만드는 한편, 동시에 견제하는 방법을 이용해 왕권을 안정시키려고 하였단다.

흑창
태조 왕건이 먹고살기 어려운 백성들을 구제하기 위해 만든 기관으로, 봄에 곡식을 빌려주고 가을에 갚도록 했다.

호족 포섭 정책

세력이 강한 호족의
딸들과 결혼하기

고려 왕실의 성씨인
'왕씨' 성 내려 주기

관직과 토지
내려 주기

왕건은 신라와 후백제 출신의 사람들도 지배층으로 받아들이고, 발해의 유민도 포용하였어. 이로써 고려는 진정한 의미의 민족 통일을 이룬 것이지.

한편, 고려를 건국하면서부터 고구려 계승을 내세우던 왕건은 옛 고구려의 영토를 되찾으려고 북진 정책을 강력하게 추진하였어. 이를 위해 고구려의 마지막 수도였던 평양을 서쪽의 서울이라는 의미를 담아 '서경'이라 부르고, 서경을 발판으로 삼아 점차 북쪽으로 영토를 넓혀 나갔어.

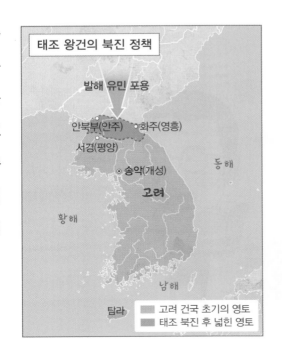

태조 왕건의 가르침이 담긴 「훈요 10조」

폐하, 박술희입니다. 저를 찾으셨습니까?

내가 아무래도 갈 때가 된 것 같구나.
나의 유언을 후대 왕들에게 전해 주거라.

왕건은 세상을 떠나기 전에 자신의 뒤를 이어 왕이 될 후손들에게 열 가지 가르침을 남겼어. 이 열 가지 가르침을 「훈요 10조」라고 해.

「훈요 10조」(일부)

1조 불교의 힘으로 나라를 세웠으니 불교를 장려할 것.

2조 모든 절은 풍수지리설에 따라 세우고 함부로 짓지 말 것.

3조 왕위는 맏아들이 계승하는 것을 원칙으로 하되, 맏아들이 현명하지 못하면 다른 아들이 계승하게 할 것.

4조 중국의 제도를 억지로 따르지 말고, 거란의 제도를 본받지 말 것.

5조 2·5·8·11월 중 서경(평양)에 가서 1년에 100일 이상 머무를 것.

6조 연등회와 팔관회를 성대히 열 것.

– 『고려사절요』 –

▲ 태조 왕건

풍수지리설
지형이나 방위를 사람의 재앙이나 복과 연결하여 집을 짓거나 무덤을 만들기에 알맞은 장소를 찾는 이론을 말한다.

연등회와 팔관회
연등회는 등불을 밝히고 부처에게 복을 비는 불교 행사였다. 팔관회는 도교와 불교, 우리 민족 고유의 민간 신앙이 어우러진 행사로, 고려 시대에는 매년 국가가 주도하여 개최되었다.

「훈요 10조」에는 왕건이 불교를 중요하게 생각하면서도 풍수지리설 등 다양한 사상을 존중하였다는 내용이 담겨 있어. 그리고 다른 나라와의 관계에 대해서도 충고했지. 중국의 문화를 받아들이면서도 무작정 따르지 말고, 거란을 본받지 말라고 하였어. 또한, 서경을 중시한 것을 통해 북진 정책에 대한 왕건의 강한 의지를 짐작할 수 있단다.

왕건이 고려의 미래를 위해 남긴 「훈요 10조」는 고려의 국가 정책에 큰 영향을 미쳤단다.

❶ 왕건은 법에 따라 [ ][ ]을 거두어 백성의 부담을 가볍게 하고, 흑창을 세웠어.

❷ 왕건은 호족을 자기편으로 만들기 위해 세력이 강한 호족의 딸들과 [ ][ ]을 했어.

❸ 왕건은 후대 왕들에게 「[ ][ ][ ][ ]」라는 열 가지 가르침을 남겼어.

1 태조 왕건의 정책에 관해 잘못 말한 사람의 이름을 쓰시오.   (   )

흑창을 설치해 빈민을 구제하였어.
은혜

인재를 양성하기 위해 주자감을 설치하였어.
찬혁

옛 고구려의 영토를 되찾기 위해 북진 정책을 펼쳤어.
예은

2 다음 설명에 해당하는 조항을 「훈요 10조」에서 찾아 몇 조인지 쓰시오.

> 1조 불교의 힘으로 나라를 세웠으니 불교를 장려할 것.
> 3조 왕위는 맏아들이 계승하는 것을 원칙으로 하되, 맏아들이 현명하지 못하면 다른 아들이 계승하게 할 것.
> 4조 중국의 제도를 억지로 따르지 말고, 거란의 제도를 본받지 말 것.
> 5조 2·5·8·11월 중 서경(평양)에 가서 1년에 100일 이상 머무를 것.

(1) 태조 왕건이 불교를 중요하게 생각했음을 알 수 있다.   (   )

(2) 북진 정책에 대한 태조 왕건의 강한 의지를 짐작할 수 있다.   (   )

한국사능력검정시험 기출

3 (가)의 업적으로 옳은 것은?   (   )

이 왕릉은 고려를 세운 [(가)]이/가 묻힌 현릉이에요. 그는 호족을 포용하고 북진 정책을 추진했어요.

① 훈요 10조를 남겼다.
② 한양에 도읍을 정하였다.
③ 노비안검법을 실시하였다.
④ 전민변정도감을 설치하였다.

광종과 성종은 국가 체제를 정비하기 위해 어떤 노력을 하였을까?

 다음은 고려의 관리였던 쌍기가 광종에게 올린 상소문이다. 쌍기의 상소문 속 초성 힌트를 보고, □□□ 안에 들어갈 제도를 써 보자.

폐하께 쌍기가 건의 드립니다.

지금 고려는 호족의 힘이 강하여 왕권을 위협하고 있습니다.

왕권을 굳건히 하기 위해서는 공신이나 호족의 자제만을 관리로 채용할 것이 아니라 실력을 갖추고 왕에게 충성할 수 있는 신하를 뽑아야만 합니다.

그러기 위해 문장 솜씨와 유교 경전의 내용을 시험하는 ㄱ ㄱ ㅈ 를 실시하여 인재를 선발하는 것이 옳은 줄로 아뢰옵니다.

정답: □□□

고려는 호족들의 도움을 받아 건국된 나라란다. 그래서 건국 초기에는 왕권이 그리 강력하지 못했어. 광종 대에 이르러 왕권이 강화되었고, 이러한 강력한 왕권을 바탕으로 성종 대에 통치 체제가 정비되었지.

광종은 쌍기의 건의를 받아들여 시험을 통해 관리를 선발하는 과거제를 실시하였어. 과거제의 실시는 왕권 강화에 큰 역할을 하였단다. 이제부터 고려 초기에 왕권을 강화하기 위해 다양한 정책을 추진한 광종과 이를 바탕으로 고려의 체제 정비를 완성한 성종의 정책을 자세히 살펴보자.

큰별쌤의 영상

광종, 왕권을 강화하기 위한 정책을 추진하다

태조 왕건에게 29명의 부인이 있던 것 기억하지? 왕건의 부인들 대부분은 세력이 강한 호족 집안 출신이었어. 왕건이 죽자 왕위를 둘러싸고 여러 왕자와 외척 사이에 다툼이 벌어졌고, 고려에는 다시 혼란이 찾아왔어. 그리하여 혜종과 정종 대에는 왕권이 매우 불안정했지. 이러한 상황에서 왕건의 넷째 아들인 광종이 고려의 네 번째 왕이 되었어.

제1대 태조 → 제2대 혜종 → 제3대 정종 → 제4대 광종

왕권을 강화해야 해!

고려의 신분

고려의 신분은 크게 양인과 노비로 나뉘는데, 노비를 제외하고는 모두 양인에 해당하였단다. 양인 중에서도 농민이나 상인 등 피지배층 사람들이 불법적으로 노비가 되었지.

광종은 고려를 발전시키기 위해서는 호족의 힘을 누르고 왕권을 강화해야 한다고 생각했어. 먼저 **노비안검법**을 실시하여 호족이 불법으로 소유하던 노비들을 해방시켜 주었어. 노비안검법은 전쟁이나 빚으로 억울하게 노비가 된 사람을 양인 신분으로 되돌려 주었던 법이야.

와, 자유다!

당신은 양인이오.

노비를 잃은 호족들은 재산과 군사력이 줄어들어 힘이 크게 약해졌어. 반면에 많은 노비가 양인이 되면서 세금을 내자, 나라 살림살이에는 큰 도움이 되었단다.

이어서 광종은 중국에서 와 고려의 관리가 된 **쌍기**의 건의에 따라 과거제를 실시하였어.

과거제는 문장 솜씨와 유교 경전의 내용을 시험하여 인재를 선발하는 제도였어. 과거제가 실시되면서 가문이나 신분보다 **개인의 능력이 중요해졌어.** 가문이 좋지 않더라도 능력이 뛰어나면 누구나 관직에 오르고 출세할 기회를 얻게 된 것이지.

이러한 광종의 정책에 호족들이 반발하자, 광종은 호족에 가혹한 벌을 내리며 왕권을 더욱 강화하였어.

내 능력으로 신분의 벽을 넘어 관직에 오르겠어!

성종, 통치 체제를 정비하다

성종은 안정된 왕권을 바탕으로 통치 체제를 정비하였어. 성종은 왕위에 오르자 관리들에게 당시의 정치에 대한 개혁안을 내게 하였어. 이때 성종의 마음에 든 것은 6두품 출신의 **최승로**가 제출한 개혁안이었어. 성종은 최승로가 올린 개혁안인 「**시무 28조**」를 받아들여 유교를 국가의 통치 이념으로 삼았단다.

📜**시무(時 때 시, 務 힘쓸 무)**
그 시대에 중요하게 다루어야 할 일을 말한다.

> ### 「시무 28조」(일부)
>
> 제7조 왕이 백성을 다스림은 집집마다 가서 돌보고 날마다 이를 살피는 것이 아닙니다. …… 청컨대 외관(지방관)을 두십시오.
> 제13조 연등회와 팔관회를 줄여 백성이 힘을 펴게 하십시오.
> 제20조 불교를 믿는 것은 자신을 다스리는 근본이며, 유교를 행하는 것은 나라를 다스리는 근원입니다. 자신을 다스리는 것은 내세에 복을 구하는 일이며, 나라를 다스리는 것은 오늘의 급한 일입니다.
>
> ―『고려사』―

성종은 중앙과 지방의 통치 체제를 정비하였어. 중앙 통치 기구는 당나라의 제도를 참고하여 **2성 6부**로 정비하였으며, 왕의 명령이 지방에 잘 전달될 수 있도록 지방에 **12목을 설치**하고 지방관을 파견했어. 또한, 수도 개경에는 국자감을 설치하고, 지방에는 향교를 세우는 등 유학 교육에도 힘썼단다.

| 광종과 성종의 국가 체제 정비 |

❶ 광종은 　　　　　을 실시하여 호족이 불법으로 소유하던 노비들을 해방시켰어.

❷ 광종은 중국에서 와 고려의 관리가 된 쌍기의 건의에 따라 　　　를 실시했어.

❸ 성종은 지방에 12목을 설치하고 　　　을 파견했어.

1 고려 광종이 다음과 같은 정책을 실시한 목적을 쓰시오.

▲ 노비안검법　　　▲ 과거제

2 다음 최승로가 건의한 개혁안을 무엇이라고 하는지 쓰시오.　　　　（　　　　　）

제7조	왕이 백성을 다스림은 집집마다 가서 돌보고 날마다 이를 살피는 것이 아닙니다. …… 청컨대 외관(지방관)을 두십시오.
제13조	연등회와 팔관회를 줄여 백성이 힘을 펴게 하십시오.
제20조	불교를 믿는 것은 자신을 다스리는 근본이며, 유교를 행하는 것은 나라를 다스리는 근원입니다. 자신을 다스리는 것은 내세에 복을 구하는 일이며, 나라를 다스리는 것은 오늘의 급한 일입니다.

한국사능력검정시험 기출

3 다음과 같은 업적을 남긴 왕으로 옳은 것은?　　　　（　　　　　）

지방에 12목을 설치함.

유교를 통치 이념으로 삼음.

최승로의 정책 건의를 받아들임.

① 광종
② 성종
③ 충렬왕
④ 우왕

두 번의 반란으로 고려가 위기를 맞게 되었다고?

 다음은 잇따른 반란으로 위기를 맞게 된 고려 사회의 모습이다. 힌트를 보고, 이자겸을 찾아 동그라미, 묘청을 찾아 세모 해 보자.

힌트
1 붉은색 관복을 입은 이자겸은 왕을 가두라고 군사들에게 명령하고 있다.

2 승려 묘청은 서경에 대위국이라는 새로운 나라를 세웠다.

호족과 6두품 출신의 유학자들은 부패한 통일 신라에 등을 돌리고 새로운 세상을 꿈꾸었어. 이들은 고려 건국에 적극적으로 참여하였고, 이후 중앙에 진출하여 고려의 지배층을 형성하였지. 이들 중 세력을 키워 대대로 고위 관리를 배출한 가문은 문벌을 형성하였고, 고려의 권력을 독점하게 되었단다.

문벌이 오랜 기간 권력을 독점하자 문제가 생기기 시작했어. 이때 이자겸의 난과 묘청의 서경 천도 운동이 일어나지. 너희들이 찾은 이자겸과 묘청이 사건의 주인공들이야.

그럼 문벌이 어떻게 형성되고, 이들이 권력을 독차지하면서 고려 사회에는 어떠한 문제점이 생겼는지 알아보자!

큰별쌤의 영상

새로운 지배층으로 성장한 '문벌'

고려 건국과 후삼국 통일에 공을 세운 호족과 6두품 출신의 유학자들은 중앙에 진출하여 고려의 지배층을 형성하였어. 이들 중 여러 대를 걸쳐 고위 관리를 배출한 가문을 **문벌**이라고 해.

문벌은 과거제와 음서를 통해 높은 관직을 독차지하였어. **음**서는 왕족이나 공신, 고위 관리의 자손을 시험 없이 관리로 임명하는 제도로, 아들과 사위, 손자 모두 그 혜택을 누릴 수 있었지. 또한, 국가에서 토지와 녹봉을 받았을 뿐만 아니라, 권력을 이용해 넓은 토지를 차지함으로써 풍요로운 생활을 누렸어. 이들은 왕실이나 세력이 비슷한 문벌과의 혼인을 통해 더욱더 세력을 확대하였단다.

이자겸, 난을 일으키다

▲ 이자겸 가문과 고려 왕실의 혼인도

대표적인 문벌인 **경원 이씨** 가문은 오랫동안 왕실과의 혼인으로 막강한 힘을 가지게 되었어. 특히 예종, 인종에게 자신의 딸들을 시집보낸 **이자겸**은 인종의 장인이자 외할아버지로서 최고의 권력을 누렸단다. 이자겸에게 잘 보이려고 사람들은 서로 앞다투어 뇌물을 바쳤다고 해.

내 집이 의친궁이고, 내 생일이 인수절이다!

자신의 집을 '궁'이라 칭하고 생일에 '절'이라고 붙인 것만 봐도 실제 이자겸의 권력이 얼마나 컸는지 알 수 있겠지? 심지어 이자겸은 할 말이 있으면 왕을 자신의 집으로 부르기까지 했대.

이자겸의 세력이 커지자, 인종은 왕권에 위협을 느끼고 이자겸을 공격하려 했어. 그러자 이자겸이 먼저 군사를 동원해 궁궐을 불태우고 왕의 자리를 넘보 았지. 이 사건이 바로 **이자겸의 난**이란다. 인종의 반격으로 이자겸의 난은 진 압되었지만, 이후 왕실의 권위가 바닥에 떨어지고 문벌 사회가 흔들리게 되었 단다.

고려의 두 번째 수도가 될 뻔한 서경

이자겸의 난 이후 인종은 문벌을 누르고 왕실의 권위를 회복하기 위한 개혁 을 추진하였단다. 이때 서경 출신의 승려 **묘청**이 풍수지리설을 내세우며 '개경 의 운이 다하였으니 고구려의 옛 도읍인 서경으로 도읍을 옮기자.'고 주장했어. 또한, 고려의 왕을 황제라 칭하고 독자적 연호를 사용할 것을 건의하며, 금나라 와 싸워 고구려 영토를 되찾자고 주장했어. 하지만 **김부식**을 중심으로 한 개경 의 문벌은 자신의 세력 기반이 사라지게 될 것을 두려워하며 서경 천도에 반대 하였지.

대화궁의 용머리 형상 잡상

인종은 묘청의 건의에 따라 서 경에 대화궁을 짓고, 직접 행차 를 하기도 했단다. 궁궐은 현재 남아 있지 않지만, 궁궐터에서는 용머리 모양 상이 발견되었단다.

인종이 서경 천도를 포기하자, 묘청을 비롯한 서경파는 반란을 일으켰어. 이들 은 나라를 '대위'라고 하고 '천개'라는 연호도 만들었지. 그러나 김부식이 이끄는 관군에 의해 진압되어 반란은 실패로 끝나고 말았어. 이후에도 문벌이 계속해 서 권력을 독차지하고 온갖 특권을 누리면서 고려 사회 내부의 문제점과 갈등 은 더욱 깊어졌단다.

| 고려를 뒤흔든 두 번의 반란 |

❶ 고려 시대 여러 대를 걸쳐 고위 관리를 배출한 가문을 ☐☐ 이라고 해.

❷ 경원 이씨 가문의 ☐☐☐ 은 예종, 인종에게 자신의 딸들을 시집보내며 최고의 권력을 누렸어.

❸ 묘청은 풍수지리설을 내세우며 ☐☐ 으로 도읍을 옮기자고 주장했어.

---

1 (가)에 들어갈 내용으로 옳은 것을 [보기]에서 골라 기호를 쓰시오. ( )

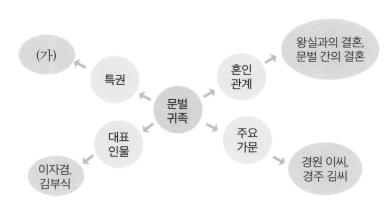

보기
- ㉠ 음서제
- ㉡ 골품제
- ㉢ 양천제
- ㉣ 독서삼품과

2 묘청에 관한 설명으로 맞으면 ○표, 틀리면 ×표 하시오.

(1) 군사를 동원해 궁궐을 불태우고 인종의 자리를 넘보았다. ( )

(2) 고구려의 옛 도읍인 서경으로 도읍을 옮기자고 주장하였다. ( )

(3) 인종에게 고려의 왕을 황제라 칭하고 독자적 연호를 사용할 것을 건의하였다. ( )

한국사능력검정시험 **기출**

3 (가)에 들어갈 내용으로 옳은 것은? ( )

역사신문

제△△호   ○○○○년 ○○월 ○○일

연속 기획 1부 **이자겸, 최고의 권력자가 되기까지**

고려 왕실과의 거듭된 혼인으로 세력을 키워 왔던 경원 이씨 집안은 대표적인 [(가)] 이다. 특히 이자겸은 예종과 인종에게 딸들을 시집보내어 최고의 권력자가 되었다.

〈연속 기획 기사〉

2부 이자겸, 반란을 일으키다

3부 이자겸의 난, 어떻게 진압되었나

① 호족
② 문벌 귀족
③ 진골 귀족
④ 신진 사대부

정답 확인   오늘 나의 실력은?   확인

무신들이 고려의 권력을 잡았다고?

 다음은 고려 왕의 무덤을 지키기 위해 세운 문신과 무신 조각상이다. **힌트**를 보고, 윗단과 아랫단의 조각상 중 무신 조각상은 무엇인지 동그라미 해 보자.

힌트

❶ 무신은 지금의 군인을 말한다.

❷ 고려 시대에는 문신들이 무신들보다 높은 지위에 올랐다.

큰별쌤의 영상

고려 왕들은 죽은 뒤에도 신하들의 호위를 받기 위해 무덤 근처에 문신과 무신 조각상을 세웠어. 위 고려 왕의 무덤에도 머리에 관을 쓴 문신 조각상과 갑옷을 입고 칼을 찬 무신 조각상이 있지. 그런데 조각상들의 위치는 왜 다른 걸까? 당시 고려에서는 문신을 중심으로 정치가 운영되어 문신들이 무신들보다 높은 지위에 올랐기 때문이야. 그래서 문신 조각상은 왕의 무덤과 가까운 윗단에 있고, 무신 조각상은 그 아랫단에 있는 것이란다.

이렇게 차별을 받던 무신들은 정변을 일으켜 1170년부터 약 100년 동안 고려를 다스리게 된단다. 1170년에는 과연 어떤 일이 일어났는지, 그리고 무신들이 다스리던 고려는 어떤 모습이었을지 우리 함께 알아볼까?

무신들의 세상이 오다

이자겸의 난과 묘청의 서경 천도 운동으로 문벌 사회가 흔들리고 왕권은 추락했어. 이 무렵 왕위에 오른 의종은 처음에는 문벌을 견제하며 왕권을 강화하려고 했지만, 점차 정치를 멀리하고 문신과 함께 잔치와 놀이에 빠졌지.

한편, 고려에는 문신을 우대하고 무신을 차별하는 사회 분위기가 있었어. 무신은 관직의 승진에 제한이 있었고, 군대의 최고 지휘관까지 무신이 아닌 문신이 맡는 등 여러 가지 차별을 받았지. 하급 군인도 봉급을 제대로 받지 못하고 각종 공사에 동원되어 불만이 많았어. 결국 1170년 정중부, 이의방 등의 무신이 칼을 들고 반란을 일으켰어. 이 사건을 무신 정변이라고 한단다.

무신 정변

무신들은 수많은 문신을 죽이고 고려의 새로운 지배층이 되었지만, 서로 최고 권력자가 되기 위해 끊임없이 싸웠어. 이러한 혼란은 **최충헌**이 권력을 잡은 뒤 정리되었지.

> 무신 정권의 우두머리는 나 최충헌이다!

최충헌은 자신의 권력을 유지하기 위해 **교정도감**을 설치했어. 교정도감은 반대 세력을 감시하는 기관이었는데, 점차 나랏일을 총괄하는 최고 권력 기관이 되었단다. 최충헌의 아들 최우는 자기 집에 정방을 설치해 나라의 관리들을 자기 맘대로 임명했고, **삼별초**를 조직해 군사적 기반으로 삼았단다. 이러한 최씨 무신 정권의 권력은 4대에 걸쳐 60여 년 동안 이어졌단다.

최충헌을 지키는 경호원들이 있었다고요?

최충헌은 '도방'이라고 하는 사병 집단을 키웠어. 도방의 군사들은 최충헌과 그의 가족을 경호하는 임무를 맡았지. 곁에서 지켜 주는 도방의 군사들이 있었기 때문에 최충헌은 권력을 유지할 수 있었단다.

농민과 천민도 더는 참지 않았다

무신 정변 이후에도 무신들의 계속된 권력 다툼으로 정치가 혼란하였어. 게다가 무신들은 백성의 토지를 강제로 빼앗고 지나치게 많은 세금을 걷어 갔지. 결국 살기 어려워진 농민과 천민이 전국 곳곳에서 봉기를 일으켰어.

공주의 명학소에서는 **망이·망소이** 형제가 과도한 세금 부담을 견디지 못하여 봉기를 일으켰어. 이들은 한때 충청도 일대를 점령하기도 했단다.

한편 천민 출신의 무신이 최고 권력자에 오르자, 천민들도 신분 해방을 꿈꾸고 봉기하였어. 노비였던 만적은 개경에서 노비들을 모아 봉기를 계획하기도 했지만 결국 계획이 들통나 실패하고 말았어. 만적의 봉기는 당시 천민들의 의식이 성장하고 있었음을 보여 준단다.

> 장군이나 정승이 될 수 있는 사람이 정해져 있는가? 때만 잘 만나면 누구나 될 수 있다!
> 옳소!
> 옳소!

무신 집권기에 일어난 봉기

최광수 (1217)
서경
만적 (1198)
동해
황해
개경
망이·망소이 (1176)
공주
전주
합천 운문
담양 진주 초전
김사미 (1193)
전주 관노비 (1182)
이연년 형제 (1237)
남해
효심 (1193)
○ 주요 봉기 지역

| 무신 정변의 발생 |

❶ 무신에 대한 차별과 의종의 잘못된 정치로 [　][　][　][　] 이 일어났어.

❷ [　][　][　] 을 시작으로 최씨 무신 정권의 권력은 4대에 걸쳐 60여 년 동안 이어졌어.

❸ 노비였던 [　][　] 은 개경에서 신분 해방을 위한 봉기를 계획했어.

---

1 고려 시대 무신들이 정변을 일으키게 된 배경으로 맞으면 ○표, 틀리면 ×표 하시오.

(1)
> 의종이 정치를 멀리하고 무신과 함께 잔치와 놀이에 빠졌다.

(　　　　)

(2)
> 문신을 우대하고 무신을 차별하는 사회 분위기가 있었다.

(　　　　)

(3)
> 하급 군인은 봉급을 제대로 받지 못하고 각종 공사에 동원되었다.

(　　　　)

2 역사 용어 사전의 ㉠에 들어갈 알맞은 용어를 쓰시오.　　　　(　　　　　　　)

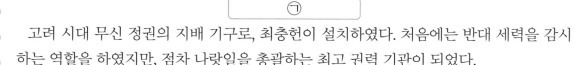

[역사 용어 사전]

㉠

고려 시대 무신 정권의 지배 기구로, 최충헌이 설치하였다. 처음에는 반대 세력을 감시하는 역할을 하였지만, 점차 나랏일을 총괄하는 최고 권력 기관이 되었다.

한국사능력검정시험 기출

3 (가)에 들어갈 제목으로 옳은 것은?　　　　(　　　　　　)

(가)

만적　개경　동해
황해　명학소　김사미
망이·망소이　운문　효심
조전
남해

① 신라 말기 호족의 성장
② 조선 후기 농민의 봉기
③ 무신 집권기 민중의 저항
④ 일제 강점기 독립군의 활동

정답 확인 오늘 나의 실력은?　확인

고려는 후삼국을 통일한 뒤 유교를 통치 이념으로 삼아 통치 체제를 정비하였어. 이후 문벌 사회와 무신 정권 시기를 거쳤지. 고려의 건국과 정치 변화에 대해 정리해 보자!

고려의 건국과 후삼국 통일

후삼국 성립	견훤이 완산주에 후백제, 궁예가 송악에 후고구려를 세움. ➡ 후백제, 후고구려, 신라가 서로 경쟁하는 후삼국이 성립됨.
고려 건국	후고구려의 궁예가 점차 민심을 잃자, 그의 부하였던 왕건이 궁예를 몰아내고 왕위에 오름. ➡ 왕건은 나라 이름을 고려로 고치고, 도읍을 철원에서 송악으로 옮김.
후삼국 통일	공산 전투에서 후백제가 고려에 승리 → 고창 전투에서 고려가 후백제에 승리 → 신라 경순왕의 항복 → 일리천 전투에서 고려가 후백제에 승리, 후백제 멸망 → 고려의 후삼국 통일

견훤 궁예 효공왕

고려의 통치 체제 정비

태조 왕건

제1대 태조 왕건	• 백성의 생활을 안정시키기 위한 정책: 법에 따라 세금을 거두어 백성의 부담을 가볍게 하고, 흑창을 세움. • 호족 포섭 정책: 세력이 강한 호족의 딸들과 결혼을 하고, 왕씨 성과 관직, 토지 등을 내려 줌. • 민족 통일: 신라와 후백제를 통합하고 발해의 유민까지 받아들임. • 북진 정책: 서경(평양)을 발판 삼아 북쪽으로 영토를 확장함.
제4대 광종	• 노비안검법 실시: 억울하게 노비가 된 사람을 양인 신분으로 되돌려 줌. • 과거제 실시: 가문이 좋지 않더라도 능력이 뛰어나면 누구나 관직에 오르고 출세할 기회를 줌.
제6대 성종	• 최승로의 시무 28조 채택: 유교를 통치 이념으로 삼음. • 중앙 통치 기구를 2성 6부로 정비하고, 지방에 12목을 설치하고 지방관을 파견함.

문벌 사회의 동요와 무신 정권의 수립

문벌 사회의 동요	• 배경: 문벌이 높은 관직을 독차지하고 권력을 장악함. • 이자겸의 난(이자겸이 왕위를 노리고 반란을 일으켰으나 실패)과 서경 천도 운동(묘청을 비롯한 서경파가 반란을 일으켰으나 실패)이 발생함.
무신 정권의 수립	• 전개: 무신에 대한 차별로 무신이 문신을 제거하고 권력을 장악한 무신 정변이 발생함. → 무신들의 권력 다툼 속에서 최충헌이 권력을 잡은 뒤 최씨 무신 정권이 수립됨. • 농민과 천민의 봉기: 무신의 과도한 세금 수탈로 망이·망소이의 난, 신분 해방에 대한 기대로 만적의 난 등이 일어남.

1 (가)~(다)를 일어난 순서대로 옳게 나열한 것은?
( )

후삼국 통일 과정

(가)	(나)	(다)
고창 전투	고려 건국	후백제 멸망

① (가)-(나)-(다)
② (나)-(가)-(다)
③ (나)-(다)-(가)
④ (다)-(나)-(가)

2 다음 인물 카드 주인공의 업적으로 옳은 것은?
( )

(앞면)

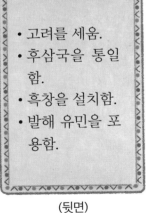

• 고려를 세움.
• 후삼국을 통일함.
• 흑창을 설치함.
• 발해 유민을 포용함.

(뒷면)

① 「훈요 10조」를 남겼다.
② 천리장성을 축조하였다.
③ 삼정이정청을 설치하였다.
④ 한양으로 도읍을 정하였다.

3 다음 가상 인터뷰에 등장하는 왕의 업적으로 옳은 것은?
( )

그동안 고려의 왕으로서 하신 일에 대해 말씀해 주시겠습니까?

중국에서 건너온 쌍기의 건의를 받아들여 과거제를 실시하고, 독자적인 연호를 사용하였습니다.

① 4군 6진을 개척하였다.
② 웅진으로 도읍을 옮겼다.
③ 2성 6부제를 마련하였다.
④ 노비안검법을 실시하였다.

4 (가)에 들어갈 왕으로 옳은 것은? ( )

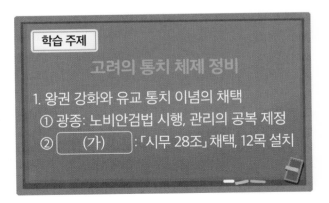

학습 주제

고려의 통치 체제 정비

1. 왕권 강화와 유교 통치 이념의 채택
① 광종: 노비안검법 시행, 관리의 공복 제정
② (가) : 「시무 28조」 채택, 12목 설치

① 태조
② 성종
③ 충렬왕
④ 공민왕

5 (가)에 들어갈 내용으로 옳은 것은?
(   )

① 6두품
② 권문세족
③ 문벌 귀족
④ 신진 사대부

6 다음 학생이 생각하고 있는 사건으로 옳은 것은?
(   )

① 묘청의 난
② 이자겸의 난
③ 홍경래의 난
④ 원종과 애노의 난

7 다음 장면에 해당하는 사건으로 옳은 것은?
(   )

① 을미사변
② 갑신정변
③ 임오군란
④ 무신 정변

8 다음 장면에 해당하는 사건에 관한 설명으로 옳은 것은?
(   )

① 전주성을 점령하였다.
② 무신 집권기에 발생하였다.
③ 공주 명학소에서 일어났다.
④ 청의 군대에 의해 진압되었다.

다음 글자판에는 한국사능력검정시험에 자주 출제되는 핵심 낱말이 숨어 있다.
공부한 내용을 떠올리며 숨은 낱말을 찾아 ○표 해 보자.

구	대	백	훈	요	십	조	항	로
벽	산	산	요	구	상	기	상	문
스	무	신	정	변	수	이	최	신
산	곰	상	조	트	돌	승	치	정
노	사	미	룩	시	로	기	원	변
비	미	방	륵	미	래	엔	인	대
안	경	라	선	불	견	호	물	한
검	사	첨	려	거	문	벌	새	족
법	전	고	조	문	흙	국	토	신

숨은 낱말

1 후고구려를 세운 궁예는 스스로를 ○○○이라고 하며 관심법을 쓴다고 하였다.

2 고려 태조 왕건이 후대 왕들에게 남긴 열 가지의 가르침을 말한다.

3 광종 때 억울하게 노비가 된 사람을 양인 신분으로 되돌려 주었던 법을 말한다.

4 성종은 ○○○가 올린 시무 28조를 받아들여 유교를 국가의 통치 이념으로 삼았다.

5 고려 전기, 여러 대를 걸쳐 고위 관리를 배출한 가문을 말한다.

6 고려 시대 차별을 받던 무신들이 반란을 일으켜 정권을 잡은 사건을 말한다.

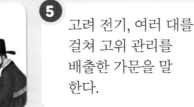

거란은 왜 고려를 침입하였을까?

 다음은 고려와 거란(요), 여진을 나타낸 지도이다. 낱말 카드에 있는 지역을 지도에서 모두 찾아 동그라미 해 보자.

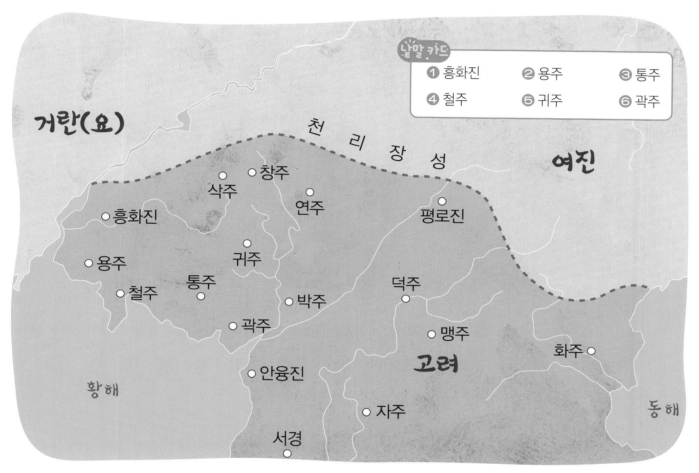

낱말 카드

❶ 흥화진　　❷ 용주　　❸ 통주
❹ 철주　　❺ 귀주　　❻ 곽주

거란(요)

천 리 장 성

여진

창주
삭주
연주
흥화진
평로진
귀주
용주
덕주
철주
통주
박주
곽주
맹주
화주
고려
안융진
황해
자주
동해
서경

후삼국 통일 이후 고려의 주변에는 송, 거란, 여진 등의 나라가 있었어.
고려는 이들 중 송과 외교 관계를 맺고, 친선 관계를 유지하였어. 반면에 북쪽 지역에 살던 북방 민족인 거란과는 대립하였지. 세력을 키운 거란은 세 번에 걸쳐 고려를 침입하였어. 고려는 서희의 활약으로 거란의 1차 침입을 물리치고 강동 6주까지 획득하는 쾌거를 이루게 돼. 너희들이 위에서 찾은 흥화진, 용주, 통주, 철주, 귀주, 곽주의 6개 지역을 강동 6주라고 한단다.
그럼 이제부터 거란이 왜 고려를 침입하였는지, 그리고 고려는 거란의 1차 침입을 어떻게 물리치고 강동 6주까지 획득하게 되었는지 자세히 알아보자!

큰별쌤의 영상

고려, 거란을 경계하다

고려는 건국 초부터 고구려 계승을 내세우며 북진 정책을 추진하여 거란과 사이가 좋지 않았어. 게다가 거란이 세력을 확장하고 발해를 멸망시키자 고려는 거란을 경계하게 되었지.

그러던 중 거란이 고려와 친선 관계를 맺으려고 사신을 통해 낙타 50필을 선물로 보냈어. 당시 낙타는 매우 귀한 동물이었지. 왕건은 발해를 멸망시킨 거란을 비난하면서 사신을 귀양 보내고, 선물로 가져온 낙타를 개경의 만부교라는 다리 밑에 묶어 굶겨 죽였어.

귀양
고려와 조선 시대에, 죄인을 먼 시골이나 섬으로 보내 일정한 기간 동안 제한된 곳에서만 살게 하던 형벌을 말한다.

만부교 사건을 계기로 고려와 거란의 관계는 끊어지게 되었어. 이후 왕건은 「훈요 10조」에도 거란의 제도를 본받지 말라는 유언을 남겼지.

거란의 1차 침입

만주 일대에서 거란이 성장할 무렵, 중국에서는 송이 건국되었어. 고려는 송과 친선 관계를 맺으며 친하게 지내면서 거란을 더욱 경계하였지. 이에 송에 대한 공격을 준비하던 거란은 고려와 송의 관계를 끊으려고 고려를 침입했어. 거란의 장수 소손녕이 80만 대군을 이끌고 고려에 쳐들어오자, 겁을 먹은 고려의 신하들은 서경 북쪽의 땅을 거란에 내주고 항복하자고 했지. 이때 서희가 나섰어.

서희의 담판, 그리고 강동 6주

서희는 거란과 싸워 보지도 않고 항복하면 대대로 부끄러운 일이 될 것이라고 하며 외교를 통해 문제를 해결하자고 했어. 서희는 당시 거란, 송, 여진의 관계를 잘 알고 있었고, 고려와 송의 관계를 끊기 원하는 거란의 침입 의도를 파악하고 있었지. 이에 서희는 거란의 군사가 진을 치고 있는 곳으로 가서 소손녕과 담판을 벌였어.

담판(談 말씀 **담**, 判 판단할 **판**)
서로 맞선 관계에 있는 쌍방이 의논해 옳고 그름을 판단하는 것을 말한다.

서희의 담판

> 고구려 땅은 우리 소유인데 어찌 침범하였소?
>
> 고려는 고구려의 후손이요. 그래서 나라 이름도 고려라 한 것이오!
> — 서희
> — 소손녕
>
> 그러면 우리와 국경을 접하고 있는데도 왜 바다를 건너 송과 교류하는 것이오?
>
> 압록강 주변은 우리 영역인데 여진이 길을 막고 있어서 거란과 교류하지 못한 것이오.
>
> 여진을 쫓아내고 고려의 영토를 돌려준다면 거란과 교류하겠소.
>
> 흠, 좋소.

서희의 담판 결과, 고려는 송과 관계를 끊고 거란과 교류할 것을 약속했어. 이에 거란의 장수 소손녕도 군대를 철수하고 거란으로 돌아갔지. 그리고 고려는 압록강 동쪽의 강동 6주를 획득하게 되었단다.

서희가 거란의 장수 소손녕과 벌인 담판은 우리 역사에서 가장 성공적인 외교 협상으로 손꼽히고 있어. 80만 대군을 무력이 아닌 외교로 물리쳤고, 강동 6주를 새롭게 얻어냈으니 말이야. 서희가 당시 주변 나라들의 관계와 거란의 속마음을 꿰뚫어 보고 있었기 때문에 이러한 외교적 성과를 거둘 수 있었던 것이란다.

▲ 강동 6주

| 거란의 1차 침입과 서희의 담판 |

❶ 고려는 건국 초부터 [ ][ ] 정책을 추진하여 거란과 사이가 좋지 않았어.

❷ 거란의 1차 침입에 맞서 고려의 [ ][ ]는 거란의 장수 소손녕과 담판을 벌였어.

❸ 고려는 송과 관계를 끊고 거란과 교류할 것을 약속하여 [ ][ ] 6주를 얻어 냈어.

1 다음 그림에서 태조 왕건이 거란에서 온 사신을 귀양 보내고 선물로 온 낙타를 굶겨 죽인 까닭을 쓰시오.

사신은 귀양 보내고, 낙타는 굶겨 죽여라!

_____

_____

_____

2 다음 ㉠, ㉡에 들어갈 알맞은 지역을 쓰시오.

㉠: (   ), ㉡: (   )

> 소손녕: [㉠] 땅은 우리 소유인데, 어찌 침범하였소?
>
> 서 희: 고려는 [㉠]의 후손이요. 그래서 나라 이름도 고려라 한 것이오!
>
> 소손녕: 그러면 우리와 국경을 접하고 있는데도 왜 바다를 건너 송과 교류하는 것이오?
>
> 서 희: 압록강 주변은 우리 영역인데 [㉡]이 길을 막고 있어서 거란과 교류하지 못한 것이오.

한국사능력검정시험 기출

3 빗금 친 지역을 고려가 차지하게 된 계기로 옳은 것은?   (   )

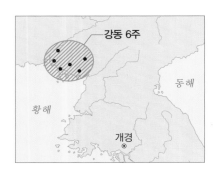

① 서희의 외교 담판

② 윤관의 여진 정벌

③ 을지문덕의 살수 대첩

④ 공민왕의 쌍성총관부 공격

정답 확인

오늘 나의 실력은?   확인

고려는 계속된 거란의 침입을 어떻게 막아 냈을까?

 다음 그림은 고려가 오랜 기간 거란과 싸우다 큰 승리를 거둔 귀주 대첩의 모습이다. 전투에서 활약을 한 강감찬 장군을 색칠해 보자.

고려는 거란의 1차 침입 때 서희의 담판으로 전쟁도 치르지 않고 거란을 물러가게 했지. 하지만 거란의 침입은 계속됐어. 거란은 2차, 3차에 걸쳐 고려를 공격해 왔지. 이에 맞선 고려는 피해를 겪기도 했지만, 침착하게 대응해 거란군의 침입을 물리쳤단다.

위 그림은 강감찬의 고려군이 거란군의 침입을 물리치며 큰 승리를 거둔 귀주 대첩의 모습이야. 거센 바람이 거란군 쪽을 향해 불기 시작할 때 고려군이 화살을 퍼붓고 있지. 아무래도 하늘도 고려의 편이었던 것 같구나.

그럼 거란의 1차 침입 이후 벌어진 고려와 거란의 전쟁에서 어떤 일들이 일어났는지 알아보자!

거란의 2차 침입

거란의 1차 침입 때 고려는 송과 관계를 끊고 거란과 교류할 것을 약속했어. 그러나 고려는 송과의 관계를 계속 유지하고 거란과 친하게 지내겠다는 약속을 지키지 않았지. 이에 거란은 고려에 두 번째로 침입하였어.

거란의 2차 침입으로 고려는 개경을 빼앗기고 현종은 피란을 가는 등 어려움을 겪었어. 하지만 고려군은 돌아가는 거란군을 끈질기게 공격해 많은 피해를 주었고, 수많은 고려 포로를 구해 냈지. 이때 활약한 인물이 바로 **양규**란다.

거란의 3차 침입과 귀주 대첩

2차 침입 이후 거란은 고려에 강동 6주를 돌려 달라고 요구했어. 고려에 넘겨준 강동 6주가 중국과 연결되는 길목에 있어서 중요한 곳이라는 것을 뒤늦게 깨달은 거지. 하지만 고려가 강동 6주를 돌려주지 않자, 거란은 소배압을 앞세워 고려를 세 번째로 침입하였어.

거란의 3차 침입에 맞선 고려의 장군은 **강감찬**이었어. 강감찬은 전쟁에 필요한 물자를 준비하고 군사를 훈련시키며 거란의 침입에 대비하고 있었지. 거란이 다시 침입해 온다는 소식에 강감찬은 군사를 이끌고 **흥화진**으로 갔어. 그리고 흥화진 앞의 강물을 쇠가죽으로 막았다가 거란군이 강을 건널 때 물을 한꺼번에 내려보냈지. 순식간에 불어난 물에 수많은 거란군이 떠내려가 죽고 말았어.

강감찬 장군이 문신이었다고요?

강감찬 장군은 글공부를 해 과거에 급제한 문신이었어. 비록 문신 출신이었지만, 뛰어난 전술과 사람들을 이끄는 카리스마로 거란의 3차 침입을 막아 냈단다.

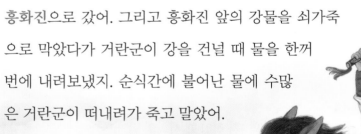

물길을 열어라!

강감찬

맹렬한 고려군의 공격으로 거란군은 거듭 패배하면서도 계속 개경을 향해 나아갔어. 하지만 거란군은 개경을 빼앗지 못했고, 결국 후퇴하기로 했어.

강감찬은 후퇴하는 거란군을 순순히 보내주지 않았지. 강감찬과 고려군은 돌아가는 거란군을 쫓아가 귀주에서 크게 물리쳤단다. 이것을 '귀주 대첩'이라고 해. 얼마나 크게 물리쳤기에 대첩이라고 했을까? 이때 살아서 돌아간 거란군이 겨우 수천 명뿐이었대.

고려가 전쟁에서 승리하자 고려·거란·송 사이의 세력 균형이 이루어졌어. 그리하여 약 100년간 동아시아의 평화가 이어지고 삼국 간 경제적·문화적 교류가 활발하게 이루어졌단다.

대첩(大 클 대, 捷 이길 첩)
크게 이기거나 또는 큰 승리를 뜻하는 말이다. 귀주 대첩처럼 큰 승리를 거둔 전쟁에 '대첩'이라는 말을 붙인다.

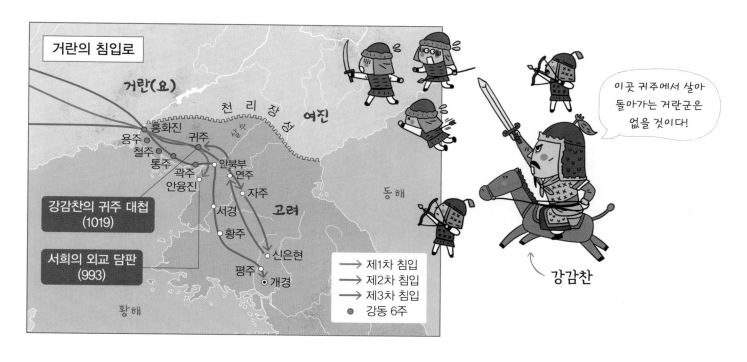

천리장성을 쌓다

강감찬은 거란의 침입에 대비해 수도 개경을 방어할 수 있는 성을 쌓자고 건의했어. 그래서 21년에 걸쳐 개경 전체를 둘러쌓는 나성을 쌓았단다.

귀주 대첩 이후 고려는 압록강에서 동해안까지 국경을 따라 천리장성을 쌓았어. 북방 민족의 침입에 대비해 국방을 강화하고자 한 것이지. 천리장성은 북방 민족의 침입을 대비하는 것은 물론 북방 민족과 고려의 국경을 구분하는 역할도 하였단다.

| 거란의 재침입과 귀주 대첩 |

❶ 거란의 2차 침입으로 고려는 한때 ☐☐ 을 빼앗기는 어려움을 겪기도 했어.

❷ ☐☐☐☐ 은 고려에 세 번째로 침입한 거란군을 귀주에서 크게 물리친 전투야.

❸ 거란을 물리친 고려는 국경을 따라 ☐☐☐☐ 을 쌓았어.

---

1 거란의 침입에 맞서 싸웠던 고려의 인물을 모두 골라 ○표 하시오.

> 왕건　　왕규　　양규　　만적　　쌍기　　소배압　　이자겸　　최충헌　　강감찬

2 (가)~(다)를 사건이 일어난 순서대로 나열하시오.　　(　　　) → (　　　) → (　　　)

(가)

강감찬과 고려군은 돌아가는 거란군을 쫓아가 귀주에서 크게 물리쳤다.

(나)
양규와 고려군은 돌아가는 거란군을 끈질기게 공격해 많은 피해를 주었고, 수많은 고려 포로를 구해 냈다.

(다)

고려는 북방 민족의 침입에 대비해 국경을 따라 천리장성을 쌓았다.

한국사능력검정시험 기출

3 (가)에 들어갈 인물로 옳은 것은?　　　　　　　　　(　　　)

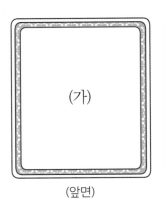

(가)

(앞면)

- 지금의 서울 낙성대에서 태어났다고 전함.
- 문과에 장원 급제함.
- 귀주에서 거란의 3차 침입을 물리침.

(뒷면)

① 강감찬
② 서희
③ 윤관
④ 정중부

1. 고려의 성립과 변천

고려와 여진의 관계는 어떻게 달라졌을까?

 다음 그림은 윤관이 여진을 물리친 이후의 일을 그린 「척경입비도」이다. 숨은 그림 을 찾아 동그라미 해 보자.

숨은 그림

윤관   비석

큰별쌤의 영상

「척경입비도」는 고려의 윤관이 여진을 물리친 뒤 동북 9성을 쌓고, '고려지경(高麗之境)' 이라고 새긴 비석을 세워 국경선을 표시한 일을 그린 그림이야.

거란과의 전쟁이 끝난 뒤 고려는 천리장성을 쌓아 북방 민족의 침입에 대비했어. 하지만 여진족은 강력한 기병 부대를 바탕으로 고려의 국경 지역을 자주 침범하였단다. 이에 윤관 이 이끄는 고려군은 여진을 물리쳐 동북 9성을 쌓고, 그곳에 '고려의 영토'라고 새긴 비석 을 세운 거야. 이후에도 고려와 여진의 충돌은 계속되었고, 두 나라의 관계는 달라질 수 밖에 없었어.

그럼 고려와 여진 사이에 어떤 일이 있었는지 우리 함께 알아볼까?

여진이 성장하다

대조영이 세운 발해를 기억하지? 발해는 고구려 유민과 말갈족으로 이루어진 국가였지. **여진족**이 바로 말갈족의 후손이야. 여진족은 시대에 따라 숙신, 말갈 등으로 불렸는데, 우리와는 교류하기도 하고 때로는 충돌하기도 했어.

고려 초 대부분의 여진족은 고려를 **부모의 나라**로 섬겼어. 여진은 고려에 말과 화살 등 토산물을 바쳤고, 고려는 여진에 식량과 의복 등을 주었지. 그러나 여진이 점차 세력을 키우며 고려의 국경을 침범하기 시작하였어. 고려는 강력한 **기병**이 있는 여진에게 수차례 패하였단다.

기병(騎 말 탈 **기**, 兵 병사 **병**)
말을 타고 싸우는 병사를 말한다. 만주 지역에서 살며 사냥으로 단련된 여진족은 말을 타고 화살을 쏘는 능력이 뛰어났다.

여진을 물리치고 동북 9성을 쌓다

여진과의 전투에서 크게 패하자 전투를 지휘했던 **윤관**은 왕에게 여진족과 맞서 싸울 수 있는 군대를 만들자고 건의했어.

저희가 패한 이유는 여진족은 기병이고
우리는 보병이므로 대적할 수가 없었기 때문입니다.

정벌(征 칠 **정**, 伐 칠 **벌**)
적 또는 죄 있는 무리를 군사의 힘으로 물리치는 것을 말한다.

윤관의 건의로 여진 **정벌**을 위해 별무반이라는 특수 부대가 만들어졌어. 별무반은 기병 부대인 신기군, 보병 부대인 신보군, 그리고 승려로 이루어진 승병 부대인 항마군으로 조직되었어. 항마군은 '마귀를 항복시키는 부대'라는 뜻으로, 부처님의 힘을 빌려 적군을 물리치려고 한 거였지.

별무반을 이끌고 여진 정벌에 나선 윤관은 천리장성을 넘어 동북 지역의 여진족을 몰아냈어.

고려는 여진을 몰아내고 차지한 동북 지역에 9개의 성을 쌓고 고려의 영토로 삼았어. 이 성을 '동북 9성'이라고 한단다. 그러나 여진족이 9성을 돌려 달라고 고려에 요구하며 계속 침입해 왔어. 고려 역시 천리장성 바깥의 넓은 지역을 관리하기 힘들었지. 결국 고려는 1년 만에 동북 9성을 여진에게 돌려주었단다.

고려와 여진(금)의 관계가 달라지다

여진족의 추장 아구다는 여러 부족을 하나로 통합하여 '금'을 세우고 고려에 형제 관계를 제의하는 편지를 보내기도 했어. 이후 세력이 더욱 강해진 금은 거란이 세운 요를 공격해 멸망시키고, 고려에 군신 관계를 강요했지.

고려를 부모의 나라로 섬겼던 여진에 사대하는 것은 고려로서는 쉽지 않은 일이었어. 이에 금을 섬기는 문제를 두고 이자겸을 중심으로 한 세력과 묘청을 중심으로 한 세력이 크게 대립하였지.

하지만 당시 권력을 잡고 있던 이자겸은 많은 신하의 반대에도 불구하고 금의 사대 요구를 받아들인단다. 이에 고려는 태조 때부터 이어 온 북진 정책도 중단하게 돼. 이후 금은 송을 공격해 남쪽으로 몰아냈고, 송은 남쪽에서 '남송'을 세웠어.

고려와 여진(금)의 관계

현종(1011년)

여진은 고려를 부모의 나라로 섬기고, 토산물을 바쳤다.

숙종~예종(1104~1108년)

윤관은 별무반을 이끌고 여진을 정벌해 동북 9성을 쌓았다.

예종(1117년)

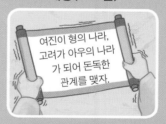

여진이 금을 세운 뒤 고려에 형제 관계를 제의하였다.

인종(1126년)

금이 고려에 군신 관계를 강요하였다.

| 고려의 여진 정벌과 금에 대한 사대 |

정리해 보자!

❶ 고려는 윤관의 건의로 여진 정벌을 위해 특수 부대인 ☐☐☐ 을 만들었어.

❷ 고려는 여진을 몰아내고 차지한 땅에 ☐☐ 9성을 쌓았어.

❸ 여진족은 여러 부족을 하나로 통합하여 ☐ 을 세웠어.

1 고려의 별무반에 관해 바르게 설명한 사람의 이름을 쓰시오. ( )

조총을 다루는 부대도 있었어.
나래

배중손을 중심으로 몽골에 저항하였어.
충기

승려로 이루어진 항마군도 포함되었어.
예리

2 다음 (가)~(라)를 고려와 여진(금)의 관계 변화에 맞게 순서대로 나열하시오.

( ) → ( ) → ( ) → ( )

(가) 금이 고려에 군신 관계를 강요하였다.

(나) 여진이 금을 세운 뒤 고려에 형제 관계를 제의하였다.

(다) 고려의 별무반이 여진을 정벌한 뒤 동북 9성을 쌓았다.

(라) 여진은 고려를 부모의 나라로 섬기고 토산물을 바쳤다.

한국사능력검정시험 기출

3 (가) 인물에 대한 설명으로 옳은 것은? ( )

사랑하는 아내에게

그동안 잘 지냈었소? 멀리 변방에 나와 있으니 부모님과 자식들이 무척이나 보고 싶소.

나는 (가) 장군이 이끄는 별무반의 일원으로 여진족을 무찌르는 데 앞장서고 있소. 특히 말을 타고 싸우는 데 익숙한 여진족에 맞서 기병으로 이루어진 신기군의 활약이 대단하오.

집에 돌아갈 날이 멀지 않았으니 다시 만날 때까지 몸 건강히 잘 지내시오.

○○○○년 ○○월 ○○일

남편이

① 동북 9성을 쌓았다.

② 강동 6주를 확보하였다.

③ 쌍성총관부를 공격하였다.

④ 귀주에서 크게 승리하였다.

1. 고려의 성립과 변천

고려는 몽골의 침입에 어떻게 저항하였을까?

다음 그림은 고려와 몽골군의 충주성 전투 모습을 그린 것이다. 전투를 이끈 김윤후가 노비 문서를 불태우는 모습을 찾아 동그라미 해 보자.

고려에 무신 정권이 들어서고 무신들이 권력 다툼을 벌이는 사이 나라 밖에서는 몽골이 막 강한 군사력을 바탕으로 대제국을 건설하였어.

몽골은 세력이 강해지면서 주변 나라들을 침입하였지. 물론 가까이 있는 고려에도 침입하 였어. 하지만 고려 사람들은 몽골의 침입에 격렬하게 저항하였단다. 특히 충주성 전투에서 는 관리들이 성을 버리고 도망가자, 김윤후가 군민과 천민을 이끌고 몽골군을 물리치기 도 하였어.

그럼 고려가 대제국이었던 몽골에 맞서 어떻게 저항하였는지 우리 함께 알아보자!

몽골, 고려를 침입하다

유목 민족
가축이 먹을 만한 풀밭과 물을 찾아 옮겨 다니면서 목축을 하며 사는 민족을 말한다.

몽골족은 중국 북쪽의 몽골고원 일대에 흩어져 살던 유목 민족으로, 13세기 초 칭기즈 칸에 의해 통일되었어. 몽골족은 어릴 때부터 말과 함께 생활하였기 때문에 말을 아주 잘 탔어. 몽골은 기마병을 앞세워 정복 활동을 벌였고, 그 결과 아시아에서 유럽에 걸친 대제국을 건설하였지.

세력이 강해진 몽골은 고려에 물자를 바칠 것을 무리하게 요구하였고, 이에 고려와 갈등을 빚었어. 그러던 중 고려에 왔던 몽골의 사신 저고여가 돌아가는 길에 의문의 죽음을 당하자, 몽골은 이를 이유로 고려를 침입하였어.

고려, 몽골의 침입에 맞서 싸우다

박서

고려군과 백성은 각 지역에서 몽골군에 맞서 싸웠어. 귀주성에서는 박서가 몽골군의 공격을 끝까지 막아 냈어. 몽골군이 쏜 화살을 주워서 다시 몽골군에 쏘는가 하면, 땅굴을 파고 들어오는 몽골군에 뜨거운 쇳물을 붓기도 하였지. 몽골의 1차 침입 이후, 최씨 무신 정권은 도읍을 개경에서 강화도로 옮기고 몽골과 싸울 준비를 하였단다.

● 고려가 강화도로 도읍을 옮긴 까닭
강화도는 개경에 가까워서 방어하기에 좋았고, 물살이 빠르고 갯벌이 넓어 몽골군이 침략하기 어려운 지역이었어. 또한, 섬의 면적이 넓어 많은 사람이 지낼 수 있었으며 뱃길로 육지의 세금과 각종 물건을 옮길 수 있었단다.

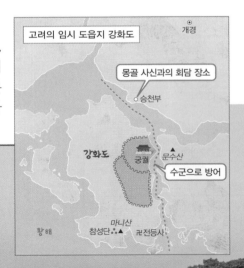

▲ **강화도에 있는 고려 궁터** 고려 왕실이 강화도에 세운 궁궐이 있던 곳이다.

몽골은 고려에 개경으로 돌아올 것을 요구하며 다시 쳐들어왔어. 처인성에
서는 승려 김윤후와 백성이 몽골에 맞서 싸웠어. 몽골군의 대장 살리타는 처인성
이 작은 성이라 만만하게 여기고 공격하였지만, 승려 김윤후와 처인성의 백성
은 호락호락하지 않았어. 김윤후는 살리타를 활로 쏴 죽였고, 대장을 잃은 몽골
군은 우왕좌왕하다가 철수하였지.

김윤후는 충주성에서도 백성과 함께 몽골군을 물리쳤어. 전투 당시 김윤후
는 "성을 지켜 내면 신분을 가리지 않고 벼슬을 주겠다!"라고 백성을 독려하며
노비 문서를 불태웠어. 이에 힘을 얻은 백성은 목숨을 걸고 성을 지켜 냈단다.
하지만 이후에도 몽골의 침입은 끝나지 않았지.

고려는 몽골과의 오랜 전쟁으로 국토가 황폐해졌어. 수많은 백성이 죽거나
몽골에 포로로 끌려갔고, 황룡사 구층 목탑 등 문화재도 불타 버렸단다.

고려, 몽골과 강화를 맺다

몽골과의 전쟁 중에도 최씨 무신 정권은 호화롭게 생활하면서 많은 세금을 거
두어 민심을 잃었어. 결국 최씨 무신 정권이 무너지자, 고려 조정은 몽골과 강화
를 맺고 개경으로 돌아왔어.

한편 삼별초라 불리는 일부 군인들은 개경으로 돌아가는 것
에 반대하며 몽골군과 끝까지 싸우겠다고 했어. 배중손은 삼
별초를 이끌고 끝까지 몽골에 대한 항쟁을 이어 갔지. 삼별초
는 강화도에서 진도와 탐라(제주)로
옮겨 가며 몽골군과 맞서 싸웠어.
하지만 결국 고려 조정과 몽골 연
합군에 진압되면서 40여 년에
걸친 몽골과의 전쟁이 끝나게
되었단다.

| 몽골군에 맞선 고려의 저항 |

❶ 몽골의 1차 침입 이후 최씨 무신 정권은 도읍을 개경에서 [　][　][　]로 옮겼어.

❷ 충주성 전투 당시 김윤후는 [　][　] 문서를 불태우며 백성을 독려하였어.

❸ [　][　][　]는 몽골과의 강화를 거부하고 진도, 탐라로 옮겨 가며 끝까지 맞서 싸웠어.

---

1 고려가 몽골의 침입에 맞서기 위해 다음과 같이 강화도로 도읍을 옮긴 까닭을 쓰시오.

_____

_____

_____

_____

2 삼별초의 항쟁에 관한 설명으로 옳은 것을 　보기　에서 골라 기호를 쓰시오.　　　　(　　　　)

보기

㉠ 4군 6진을 개척하였다.　　　　　　　㉡ 강동 6주를 확보하였다.

㉢ 중심인물은 배중손 등이었다.　　　　㉣ 행주산성에서 승리를 거두었다.

3 다음 가상 편지에 나타난 시기의 사실로 옳은 것은?　　　　(　　　　)

　　그리운 어머님께

　　산성으로 들어가셨다는 지난번 편지 잘 받았습니다. 조정이 천도하여 강화도로 들어온 지 오랜 시간이 지났지만, 몽골과의 전쟁은 끝날 듯하면서 계속 이어지고 있습니다.

　　그래도 부처님의 힘으로 전쟁을 끝낸다면 어머님을 다시 육지에서 뵐 수 있으리라 생각합니다. 그때까지 부디 무사하시기를 빌겠습니다.

　　다시 소식 올릴 때까지 건강하십시오.

　　　　　　　　　　○○○○년 ○○월 ○○일

　　　　　　　　　　　　　　큰아들 올림

① 비변사가 설치되었다.
② 홍경래가 난을 일으켰다.
③ 곽재우가 의병장으로 활약하였다.
④ 황룡사 구층 목탑이 불타 없어졌다.

원의 간섭으로 고려 사회는 어떻게 변하였을까?

 다음은 우리나라 전통 혼례의 모습을 그린 그림이다. 힌트를 보고, 고려에 전해진 몽골의 풍습을 두 가지 찾아 동그라미 해 보자.

힌트

① 원래 '고고'라고 부르는 몽골 여자들의 외출용 모자였다.

② 몽골 여자들이 결혼할 때 악귀를 쫓기 위해 이마와 볼에 찍는 붉은색 화장이다.

고려가 몽골(원)의 간섭을 받게 되면서 고려에는 몽골의 풍습이 유행하였어.
우리나라 전통 혼례의 모습에도 몽골의 족두리와 연지가 전해져 지금까지 남아 있지. 신부가 머리에 쓴 족두리는 원래 고고(姑姑)라고 하는 몽골 여자들의 외출용 모자였는데, 고려에 전해져 혼례용 모자로 사용되었어. 신부의 뺨에 찍은 빨간색 연지는 몽골 여자들이 결혼할 때 악귀를 쫓으려고 한 화장에서 전해진 거란다. 이 밖에도 고려에서는 몽골식 옷과 음식, 몽골어 등이 유행하였지. 물론 고려의 옷과 음식 등도 몽골(원)에 전해졌어.
이렇게 서로의 문화에 영향을 준 고려와 몽골(원) 사이에 어떤 일이 있었는지, 그리고 서로 어떤 것들을 주고받았는지 우리 함께 알아보자!

큰별쌤의 영상

고려, 원의 사위 나라가 되다

처음에 몽골은 고려 왕조와 고려의 제도, 풍속을 유지해 주기로 약속했어. 그러나 고려 조정이 강화도에서 개경으로 돌아온 뒤, 몽골은 나라 이름을 '원'으로 바꾸고 **고려의 정치에 간섭**하기 시작했어.

고려의 왕세자는 왕이 되기 전까지 원에서 지내야 했으며, 원의 공주와 결혼을 해야만 왕위에 오를 수 있었어. 원은 고려의 왕실에서 사용하던 호칭과 관직의 이름도 낮추어 부르게 했어. '폐하'는 '전하'로, '태자'는 '세자'로 고쳤지. 또한, 고려의 왕들은 '원에 충성을 다하라.'는 뜻으로 왕호 앞에 '충(忠)' 자를 붙여야 했어.

원 간섭기 고려의 모습

●**환관**
왕의 시중을 들거나 숙직 따위의 일을 맡아보던 남자를 말한다.

원은 고려에 조공이라는 이름으로 많은 물품을 요구했어. 금·은과 같은 귀금속은 물론 인삼, 매 등 특산물을 거두어 갔고, 환관과 공녀 등 사람들도 끌고 갔어. 공녀란 '원에 바치는 여자'라는 뜻으로, 당시 공녀로 끌려간 여자들은 궁녀가 되거나 귀족의 집에서 허드렛일을 했어. 일부 공녀는 높은 관리나 왕과 결혼해서 부유하게 살았지만, 대부분은 원에 끌려가 온갖 수모를 겪고 힘들게 살아가야 했지. 그래서 고려에는 딸을 공녀로 보내지 않으려고 어린 나이에 결혼시키는 조혼 풍습이 생겨나기도 했단다.

원은 고려에 쌍성총관부, 동녕부, 탐라총관부 등을 설치하고 고려의 영토 일부를 직접 통치하기도 했어. 또한, 정동행성을 설치하여 일본을 정벌하는 데 필요한 물자와 군인을 고려에 요구했지. 이때 설치한 정동행성은 일본 원정이 실패한 이후에도 고려에 남아 고려의 정치를 간섭하는 기구가 되었단다.

한편, 고려와 원의 교류가 활발해지면서 서로의 문화에 영향을 미쳤어. 고려에는 몽골식 머리(변발)와 몽골식 옷(철릭), 몽골 음식, 몽골어 등 '몽골풍'이 나타났고, 원 황실에서도 고려의 옷과 음식 등 '고려양'이 유행하였단다.

몽골어의 유행

왕의 밥상을 가리키는 '수라', 궁궐에서 높은 사람을 일컫는 '마마', 세자와 세자빈을 가리키는 '마누라', 궁녀를 가리키는 '무수리', 벼슬아치나 장사치처럼 직업을 나타내는 '치' 등은 몽골어에 뿌리를 둔 말이란다.

원에서 고려에 전해진 **몽골풍**

변발
철릭
설렁탕
만두
호떡

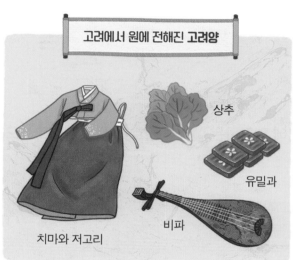

고려에서 원에 전해진 **고려양**

상추
유밀과
비파
치마와 저고리

원에 기대어 성장한 권문세족

원의 간섭이 심해지자, 고려에서는 원에 기대어 권력을 누리는 세력이 새롭게 등장했어. 이들은 몽골어 통역관, 응방의 관리, 원에 갔다 돌아온 환관 등 원과의 관계를 배경으로 권력을 얻은 사람들로, 권문세족이라고 한단다.

권문세족은 높은 관직을 독점하고 국가에 세금을 내지도 않았으며, 음서를 이용해 권력을 대대로 물려줬어. 또한, 불법으로 빼앗은 토지에 커다란 농장을 설치하고, 가난한 백성을 노비로 삼아 일을 시켰단다.

세금을 내는 백성이 줄어들자 나라의 살림살이가 어려워졌어. 이러한 문제를 해결하기 위해 고려의 왕들은 개혁을 시도하였으나, 원의 간섭과 권문세족의 방해로 실패하였어.

응방

원에 조공으로 바칠 매와 사냥개 등을 관리하던 기구였다.

| 원의 간섭과 권문세족의 성장 |

❶ 고려의 왕들은 '원에 충성을 다하라.'는 뜻으로 왕호 앞에 '　　' 자를 붙였어.

❷ 원은 일본 원정을 위해 고려에 ☐☐☐☐ 을 설치했어.

❸ 원 간섭기에는 원과의 관계를 배경으로 권력을 얻은 ☐☐☐☐ 이 등장했어.

---

1 원 간섭기에 고려에서 볼 수 있던 모습으로 맞으면 ○표, 틀리면 ×표 하시오.

(1) 고려의 왕들은 원의 공주와 결혼하였다. （　　　）

(2) 원의 간섭으로 고려의 왕들은 '황제'라는 호칭을 사용하게 되었다. （　　　）

(3) 원은 고려에서 특산물을 거두어 갔고, 환관과 공녀 등 사람들도 끌고 갔다. （　　　）

2 다음 용어에 해당하는 설명을 바르게 선으로 이으시오.

(1) 고려양 •

(2) 몽골풍 •

• ㉠ 고려에서 유행한 몽골식 머리와 옷, 음식 등을 말한다.

• ㉡ 원에 전해진 고려의 옷과 음식 등 고려의 풍습을 말한다.

한국사능력검정시험 기출

3 선생님의 질문에 대한 학생의 대답으로 옳은 것은? （　　　）

몽골식 복장의 유행　원에 공녀로 끌려가는 여인들

이와 같은 장면을 볼 수 있었던 시기의 모습에 대해 이야기해 볼까요?

① 상평통보가 사용되었어요.

② 고구마와 감자가 널리 재배되었어요.

③ 권문세족이 대규모 토지를 소유했어요.

④ 청해진에서 무역이 활발하게 이루어졌어요.

정답 확인

오늘 나의 실력은?　확인

공민왕은 원으로부터 벗어나기 위해 어떤 개혁 정책을 실시하였을까?

 다음은 공민왕이 원으로부터 되찾은 영토를 나타낸 지도이다. 공민왕이 되찾은 고려의 영토를 색칠해 보자.

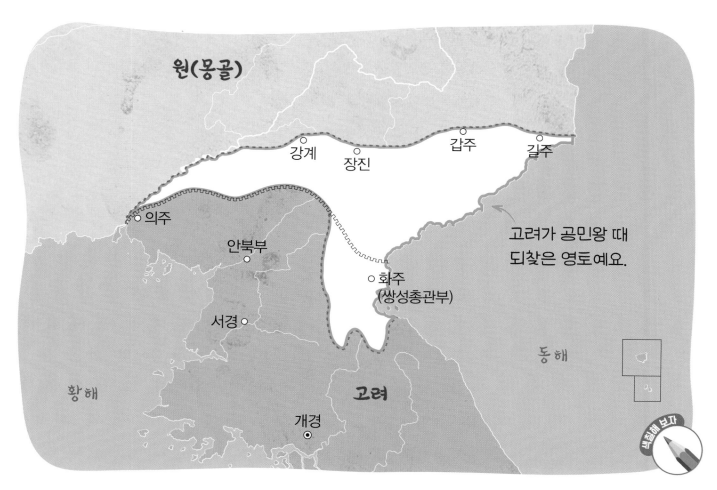

원(몽골)

강계　장진　갑주　길주

의주

안북부

고려가 공민왕 때 되찾은 영토예요.

화주 (쌍성총관부)

서경

동해

황해

고려

개경

색칠해 보자

큰별쌤의 영상

공민왕은 충숙왕의 둘째 아들이자, 충혜왕의 동생이야.

다른 왕들과 다르게 이름에 '충' 자가 붙지 않은 것은 원의 간섭에서 벗어나 자주적인 개혁 정책을 펼쳤기 때문이지. 비록 공민왕의 개혁 정책은 실패로 끝났지만, 고려의 자주성을 회복하기 위해 노력하였다는 데 큰 의미가 있단다.

14세기 중반 원의 힘이 약해지자 공민왕은 쌍성총관부를 공격해 철령 이북의 땅을 되찾았어. 그리고 그 여세를 몰아 북쪽으로 영토를 확장하였지. 영토를 되찾은 것 외에도 공민왕이 고려의 자주성을 회복하기 위해 어떤 개혁 정책을 펼쳤는지 우리 함께 알아볼까?

혼란 속에서 왕위에 오른 공민왕

어렸을 때 원에서 자란 공민왕은 스무 살이 되던 해 원의 노국 공주와 결혼했어. 이후 공민왕은 고려에 돌아와 조카인 충정왕의 뒤를 이어 왕위에 올랐지. 조카의 뒤를 이어 왕이 되었다니 이상하지? 당시 원이 고려의 왕을 자기들 마음대로 바꾸었기 때문에 가능했던 일이야.

한편, 원에서는 지배층의 권력 다툼이 심하였고, 홍건적이 여기저기에서 난을 일으켰어. 공민왕은 원의 힘이 크게 약화되고 있음을 알고 지금이 고려가 원의 간섭에서 벗어날 때라고 생각하였지.

공민왕, 개혁 정책을 실시하다

공민왕은 원에 맞서는 정책을 펴기로 했어. 왕비인 노국 공주는 이런 공민왕을 믿고 지지해 주었지. 공민왕은 어떤 개혁 정책을 펼쳤을까?

공민왕은 당시 고려에서 유행하던 몽골식 머리나 옷 등 몽골풍을 금지하고 왕실의 호칭을 되돌리는 등 고려의 전통을 회복하는 일에 앞장섰어.

쌍성총관부를 공격하여 철령 이북의 땅도 되찾았지. 그리고 친원 세력인 기철을 숙청했어. 기철은 고려 출신으로 원의 황후가 된 기황후의 오빠로, 원의 힘을 이용해 권력을 함부로 휘둘렀었지.

이후 공민왕은 승려 신돈을 등용해 전민변정도감을 설치했어. 이를 통해 권문세족이 불법으로 차지한 땅을 원래 주인에게 돌려주고, 억울하게 노비가 된 사람들을 양인으로 해방하였어.

전민변정도감
땅과 노비를 조사해 토지는 원래의 주인에게, 노비는 원래의 신분으로 되돌리고자 만든 임시 기구였다.

공민왕의 개혁 정책

철령 이북의 땅 회복

기철 일파 숙청

전민변정도감 설치

몽골풍 금지

공민왕의 개혁 정책은 백성의 환영을 받았으나 권문세족의 강한 반발에 부딪혔어. 결국 신돈은 권문세족의 모함을 받아 죽고, 몇 해 뒤에 공민왕도 의문의 죽임을 당하면서 개혁은 실패로 끝나고 말았지.

새로운 정치 세력이 성장하다

공민왕의 개혁은 고려가 자주성을 되찾고 신진 사대부가 성장하는 계기가 되었어. 신진 사대부는 성리학을 적극적으로 받아들여 공부하였으며, 주로 과거를 통해 관직에 진출하였어. 이들은 권문세족을 비판하며 공민왕의 개혁을 지지하였어. 또한, 원을 멀리하고 명과 가깝게 지낼 것을 주장하였지.

공민왕 때 고려에는 홍건적과 왜구가 자주 침입하였어. 이 과정에서 홍건적과 왜구를 물리친 무인들이 백성의 지지를 받고 새로운 세력을 형성하게 돼. 최영과 이성계가 이 시기에 등장한 대표적인 신흥 무인 세력이야. 이들은 신진 사대부와 함께 고려 사회의 개혁에 앞장섰단다.

성리학
남송의 주희가 완성한 학문으로, 인간의 마음과 우주의 원리를 탐구하는 새로운 유학이었다.

신진 사대부   신흥 무인 세력
짝!

왜구를 물리친 최무선의 활약

왜구를 물리치려면 왜구의 침략 수단인 배를 부술 수 있는 화약이 필요해.

화약의 원료인 염초를 도저히 얻을 수가 없네.

오랜 노력 끝에 벽란도에서 염초 만드는 방법을 원의 기술자에게 배웠어.

드디어 성공했다!

펑!

화약과 무기를 만드는 관청이야.

최무선은 화통도감을 설치해 여러 가지 화포를 만들었어.

화통도감

신무기로 왜구를 물리치자!

진포(군산) 대첩

| 공민왕의 개혁 정책과 새로운 정치 세력의 성장 |

❶ 고려의 [ ][ ][ ]은 원이 쇠퇴하자 원의 간섭에서 벗어나기 위한 개혁 정책을 펼쳤어.

❷ 원 간섭기에는 성리학을 공부한 [ ][ ][ ][ ]가 새로운 세력으로 등장했어.

❸ 고려 말 홍건적과 왜구를 물리치는 과정에서 [ ][ ][ ][ ] 세력이 등장했어.

---

1 공민왕이 실시한 개혁 정책으로 옳은 것을 보기 에서 모두 골라 기호를 쓰시오.

(   )

보기

㉠ 기철을 등용하여 개혁을 추진하였다.

㉡ 정동행성을 설치하여 일본을 공격하였다.

㉢ 몽골식 머리나 옷 등 몽골풍을 금지하였다.

㉣ 토지와 노비 문제를 해결하기 위해 전민변정도감을 설치하였다.

---

2 인물 카드의 뒷면 내용을 보고, (가)에 들어갈 인물의 이름을 쓰시오. (   )

(가)

(앞면)

- 우리 역사상 최초로 화약을 발명하고, 이를 이용한 무기를 만들어 왜구를 물리쳤음.
- 화통도감의 설치를 건의해 세웠음.

(뒷면)

---

3 (가) 왕의 업적으로 옳은 것은? (   )

이 그림은 (가) 와/과 원나라 출신 왕비 노국 공주의 초상화래.

이 왕은 몽골식 풍습을 금지하고 고려의 전통을 되살리는 데 앞장섰어.

① 훈요 10조를 남겼다.

② 쓰시마섬을 정벌하였다.

③ 지방에 12목을 설치하였다.

④ 철령 이북의 땅을 되찾았다.

정답 확인

오늘 나의 실력은?   확인

도전! 한국사능력검정시험

고려는 북쪽 지역에 살던 북방 민족들과 끊임없이 대립했어. 거란과 여진 그리고
대제국을 이룬 몽골의 침입 속에서 고려가 어떻게 어려움을 극복하였는지 정리해 보자!

거란의 침입과 극복

서희

1차 침입	거란은 고려와 송의 관계를 끊으려고 고려를 침입함. ➡ 서희가 거란의 소손녕과 담판을 벌여 스스로 물러나게 하고 ★강동 6주를 획득함.
2차 침입	거란의 침입으로 고려는 개경을 빼앗김. ➡ 돌아가는 거란군을 양규가 끈질기게 공격함.
3차 침입	• 거란이 강동 6주를 돌려 달라며 고려를 침입함. ➡ 강감찬이 후퇴하는 거란군을 쫓아가 귀주에서 크게 물리침(귀주 대첩). • 고려는 국경을 따라 천리장성을 쌓아 북방 민족의 침입에 대비함.

여진 정벌과 금에 대한 사대

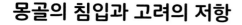
신보군   신기군   항마군

여진 정벌	세력을 키운 여진이 고려의 국경을 침범하기 시작함. ➡ 윤관이 ★별무반을 이끌고 여진을 물리친 후 동북 9성을 쌓음.
금에 대한 사대	여진이 금을 세우고 요(거란)를 멸망시킨 후, 고려에 군신 관계를 강요함. ➡ 이자겸이 여진의 사대 요구를 받아들임.

몽골의 침입과 고려의 저항

몽골의 침입과 고려의 저항	• 몽골의 침입에 최씨 무신 정권은 도읍을 개경에서 강화도로 옮겨 몽골과의 전쟁을 준비함. • 고려군과 백성은 각 지역에서 몽골군에 맞서 싸움.
삼별초의 항쟁	고려 조정은 몽골과 강화를 맺고 개경에 돌아옴. → ★삼별초는 강화도에서 진도와 탐라로 옮겨 가며 끝까지 저항함. → 삼별초의 항쟁이 진압되고 원의 간섭이 본격화됨.

원의 간섭과 공민왕의 개혁 정책

원 간섭기 고려의 모습	• 고려의 왕은 원의 공주와 결혼하고, 왕실의 호칭이 낮추어짐. • 원은 고려에서 특산물을 거두어 가고, 환관과 공녀를 끌고 감. • 원은 고려에 쌍성총관부, 동녕부, 탐라총관부 등을 설치해 고려의 영토를 통치하기도 하고, 정동행성을 통해 고려의 정치에 간섭함.
★공민왕의 개혁 정책	몽골풍 금지, 철령 이북의 땅 회복, 친원 세력인 기철 일파 숙청, 전민변정도감 설치 등 개혁 정책을 펴 고려를 다시 일으켜 세우려고 함. ➡ 개혁은 실패로 끝났으나, 신진 사대부가 등장하는 계기가 됨.

1 다음 가상 표창장을 받은 인물에 관한 설명으로 옳은 것은? ( )

제○○호

표 창 장

이름: ○○

위 사람은 거란이 고려에 1차 침입하였을 때 거란 장수 소손녕과 담판을 벌여 거란을 스스로 물러나게 하였기에 표창합니다.

○○○년 ○○월 ○○일

고 려 국 왕

① 동북 9성을 쌓았다.
② 4군 6진을 개척하였다.
③ 강동 6주를 확보하였다.
④ 쓰시마섬을 정벌하였다.

2 (가)에 들어갈 인물로 옳은 것은? ( )

이 그림은 거란의 3차 침입 당시 (가) 의 지휘로 귀주에서 거란군을 크게 물리친 귀주 대첩을 그린 그림이에요.

① 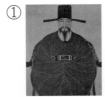 윤관
②  강감찬
③  김윤후
④  최무선

3 (가)에 들어갈 군사 조직으로 옳은 것은? ( )

□□신문

제△△호   1107년 ○○월 ○○일

(가) , 여진을 정벌하다!

고려 시대에 윤관은 신기군, 신보군, 항마군으로 편성된 부대인 (가) 을 이끌고 여진족을 정벌하여 동북 9성을 쌓았다.

▲「척경입비도」

① 별기군   ② 별무반
③ 삼별초   ④ 장용영

4 (가)에 해당하는 인물로 옳은 것은? ( )

여러분, 있는 힘을 다해 몽골군에 맞서 싸웁시다. 그러면 귀하고 천함을 가리지 않고 모두에게 관직을 내릴 것이오.

와! 노비 문서가 불타고 있다.

(가)

① 박서   ② 서희
③ 강감찬   ④ 김윤후

5 다음 가상 인터뷰의 밑줄 그은 '부대'가 활약한 시기를 연표에서 옳게 고른 것은? (   )

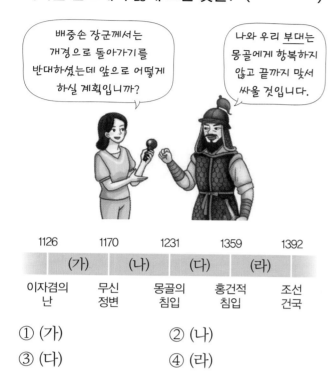

① (가)   ② (나)

③ (다)   ④ (라)

6 다음 주제에 관한 학생들의 대화 내용으로 옳지 <u>않은</u> 것은?   (   )

7 다음 가상 대화에 등장하는 왕의 업적으로 옳은 것은?   (   )

① 훈요 10조를 남겼다.
② 노비안검법을 실시하였다.
③ 지방에 12목을 설치하였다.
④ 철령 이북의 땅을 되찾았다.

8 (가)에 들어갈 내용으로 옳은 것은? (   )

① 화통도감 설치
② 천리장성 축조
③ 쓰시마섬 정벌
④ 요동 정벌 추진

키워드 숨은 낱말 찾기

다음 글자판에는 한국사능력검정시험에 자주 출제되는 핵심 낱말이 숨어 있다.
공부한 내용을 떠올리며 숨은 낱말을 찾아 ○표 해 보자.

서	희	윤	관	신	진	사	대	부
제	촌	산	요	나	성	기	상	문
주	무	신	권	문	세	족	별	신
강	근	관	조	트	돌	승	기	전
노	화	미	개	시	로	기	군	민
비	미	도	로	경	치	귀	인	변
안	별	라	선	불	주	사	물	정
검	무	첨	감	대	장	벌	귀	도
법	반	고	첩	문	흙	국	토	감

숨은 낱말

1 거란의 1차 침입 당시 ○○는 담판을 벌여 거란군을 스스로 물러가게 하였다.

2 강감찬이 이끄는 고려군이 거란군을 귀주에서 물리쳐 승리한 전투이다.
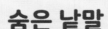

3 윤관은 특수 부대인 ○○○을 이끌고 대규모 여진 정벌에 나섰다.

4 몽골의 침입으로 최씨 무신 정권은 도읍을 개경에서 ○○○로 옮겼다.
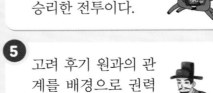

5 고려 후기 원과의 관계를 배경으로 권력을 얻어 성장한 지배층을 말한다.

6 고려 후기 빼앗긴 토지와 노비를 되찾아 바로잡기 위하여 설치된 임시 기구이다.

정답 확인

오늘 나의 실력은? 확인

고려는 주변 나라들과 어떤 것을 교류하였을까?

 다음은 고려의 국제 무역항인 벽란도의 모습이다. 숨은 그림 에 있는 고려의 대표적인 수출품을 찾아 동그라미 해 보자.

숨은 그림

인삼　　금·은　　나전 칠기　　종이와 먹　　화문석

큰별쌤의 영상

벽란도에서 고려의 대표적인 수출품을 찾아보았니?

벽란도는 개경 근처의 예성강 끝자락에 있어서 송나라, 거란, 여진, 일본 등 여러 나라의 사신과 상인이 자주 드나들었고, 수많은 배가 항구에 머물렀어. 벽란도가 국제 무역항으로 성장하자, 저 멀리 아라비아 상인도 벽란도를 통해 고려와 교류했어. 우리나라를 영어로 '코리아(KOREA)'라고 하잖니? 고려에 아라비아 상인들이 드나들게 되면서 고려가 코리아라는 이름으로 세계에 알려지게 된 것이란다.

그럼 고려가 주변 나라들과 어떤 물품을 교류하였으며, 교류할 때 사용한 화폐는 무엇이었는지 우리 함께 자세히 알아보자!

고려, 주변 나라들과 활발하게 교류하다

송과의 교류

고려는 송, 거란, 여진, 일본 등과 교류하였어. 특히 고려는 송과 가장 활발하게 무역을 하였어. 고려는 송의 앞선 문물을 받아들여 제도와 문화, 학문 등을 발전시켰고, 송은 거란과 여진을 견제하기 위해 고려와 손을 잡았단다.

고려는 송과 어떤 물품을 주고받았을까? 고려는 송에 금·은, 나전 칠기, 화문석, 인삼, 종이와 먹 등을 수출하였고, 송에서 비단, 약재, 서적, 자기 등을 수입하였어. 특히 고려의 **인삼**은 송과의 무역에서 가장 인기 있는 수출품이었지.

화문석(花 꽃 화, 紋 무늬 문, 席 자리 석)
화문석은 꽃의 모양을 새겨서 짠 돗자리로, 강화도에서 만든 것이 유명하다.

거란·여진 및 여러 나라와의 교류

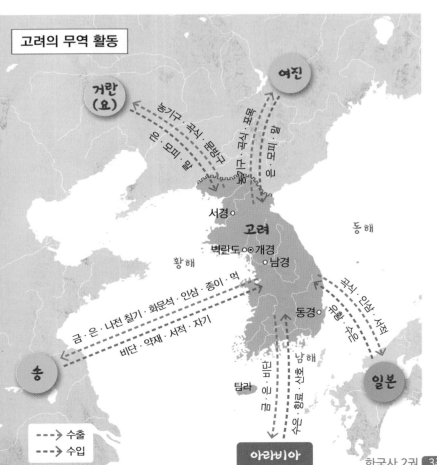

고려의 무역 활동

고려는 거란, 여진 등 북방 민족의 침입을 경계하면서도 대외 관계를 안정시키고자 이들과 꾸준히 교류하였어. 고려에서는 거란과 여진에 농기구와 곡식 등을 수출하였고 은, 모피, 말 등을 수입하였어.

일본의 상인과 **아라비아 상인**도 고려에 찾아왔어. 일본 상인은 유황과 수은을 가져와 곡식, 인삼, 서적 등과 바꾸어 갔지. 아라비아 상인은 벽란도를 통해 개경에 들어와 수은·향료·산호 등을 팔고 금·은·비단 등을 사 갔어. 아라비아 상인들에 의해 고려는 '코리아'라는 이름으로 외국에 알려지게 되었단다.

고려 무역의 중심지, 벽란도

고려와 송은 주로 바닷길을 이용해 교류하였어. 고려와 송 사이에 거란과 여진이 살고 있었기 때문이지. 그래서 개경과 가까운 예성강 하구의 **벽란도**가 국제 무역항으로 성장하게 되었어.

고려와 송의 무역이 활발해지면서 아라비아 상인들도 고려에 왔어. 송에 갔던 아라비아 상인들이 벽란도 이야기를 듣고 고려에 온 거지. 이렇게 벽란도는 송과 아라비아 상인뿐만 아니라 거란과 여진, 일본의 상인들까지 드나들어 늘 북적였단다.

벽란도는 **개경**으로 가는 입구이기도 했어. 외국의 사신과 상인은 벽란도를 통해 개경으로 가 왕실에 선물을 바치는가 하면 팔관회와 같은 행사에도 참석했지. 외국 상인들이 가져온 물건은 개경의 시장에서 활발하게 거래되었어. 특히 송과 아라비아에서 들어온 사치품은 개경의 귀족들에게 큰 인기를 끌었단다.

▲ 고려 무역선이 그려진 청동 거울

무역의 발달로 만들어진 화폐

외국과의 무역이 활발해지고 상업과 수공업이 발전하면서 고려는 화폐를 만들어 사용하였어. 고려는 무역을 할 때 주로 은으로 만든 은병을 화폐로 사용하였지. 성종 때에는 철로 만든 화폐인 **건원중보**가 처음으로 만들어졌고, 이후 은병의 보조 화폐로 해동통보도 만들어졌어.

하지만 금속 화폐에 익숙하지 않았던 고려 사람들은 화폐보다는 쌀이나 옷감을 이용해 물건을 사고팔았어. 백성들의 화폐 사용을 늘리려 했던 당시 고려 조정의 노력은 결국 효과를 보지 못하였단다.

고려의 다양한 화폐

약 4 cm

▲ 건원중보　　▲ 해동통보　　▲ 은병

| 고려의 활발한 대외 무역 |

❶ 고려는 [ ]에 금·은, 화문석, 인삼 등을 수출했고 비단, 약재, 서적 등을 수입했어.

❷ 아라비아 상인들에 의해 고려는 '[ ][ ][ ]'라는 이름으로 외국에 알려지게 되었어.

❸ 고려는 무역을 할 때 주로 은으로 만든 [ ][ ]을 화폐처럼 사용했어.

1 다음 상인들이 고려와 교류한 물품을 바르게 선으로 이으시오.

(1) 나 여진 상인!

⊙ 고려에 유황, 수은을 가져와 곡식, 인삼, 서적 등과 바꾸어 갔다.

(2) 나 일본 상인!

ⓛ 고려에서 농기구, 곡식 등을 수입하였고 은, 모피, 말 등을 수출하였다.

2 고려 시대의 화폐에 관한 설명으로 맞으면 ○표, 틀리면 ×표 하시오.

(1) 고려에서는 금속 화폐를 만들지 않았다. ( )

(2) 무역을 할 때 주로 은병을 화폐처럼 사용하였다. ( )

(3) 성종 때 철로 만든 화폐인 건원중보가 처음으로 만들어졌다. ( )

(4) 일반 백성들은 화폐보다는 쌀이나 옷감을 이용해 물건을 사고팔았다. ( )

3 (가)에 들어갈 용어로 옳은 것은? ( )

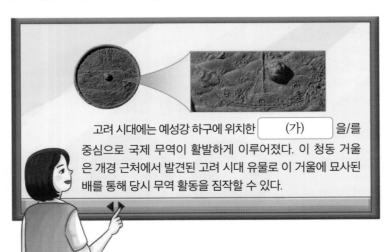

고려 시대에는 예성강 하구에 위치한 [(가)]을/를 중심으로 국제 무역이 활발하게 이루어졌다. 이 청동 거울은 개경 근처에서 발견된 고려 시대 유물로 이 거울에 묘사된 배를 통해 당시 무역 활동을 짐작할 수 있다.

① 당항성
② 벽란도
③ 울산항
④ 청해진

정답 확인

오늘 나의 실력은? 확인

3주 5일

1. 고려의 성립과 변천

고려 시대의 사람들은 어떻게 생활하였을까?

 다음은 고려 시대의 대표적인 불교 행사를 그린 그림이다. 불교 의식은 물론 다양한 종교와 사상이 어우러졌던 이 행사의 이름은 무엇인지 초성 힌트를 보고, □□□ 안에 들어갈 말을 써 보자.

| ㅍ | ㄱ | ㅎ |

큰별쌤의 영상

외국인이 자유롭게 드나드는 국제도시 개경, 백정에게 열려 있는 과거 시험의 기회, 지금과 비교하여도 큰 차이가 없는 수평적인 가족 관계! 이렇게 고려 사회는 우리가 생각하는 것보다 훨씬 더 개방적이고 다양한 모습을 가지고 있었어.

물론 고려도 신분제 사회였기 때문에 신분에 따라 사람들의 생활 모습이 달랐어. 하지만 고려에는 사람들을 하나로 모을 수 있는 불교 행사가 있었어. 바로 연등회와 팔관회야. 사람들은 연등회와 팔관회에 참여하며 고려인이라는 자부심과 공동체 의식을 느낄 수 있었다고 해. 그럼 고려 시대 사람들은 어떻게 생활하였는지 우리 함께 자세히 알아보자!

신분 상승이 가능했던, 열린 신분제 사회

고려는 양인과 천인으로 나뉜 신분제 사회였어. 양인 중 지배층이었던 관료, 향리 등은 국가로부터 토지를 받아 편안하게 생활하였어. 특히 중앙의 관리들은 음서의 혜택을 누리며 대대로 고위 관리를 배출해 문벌을 이루었지.

양인의 대부분은 농민으로 구성되었는데, 이들은 '백정'이라고 불렸어. 백정은 국가에 세금과 노동력을 바치는 대신 법적으로 과거 시험을 치를 수 있는 자격이 있었단다. 천인의 대부분은 노비였어. 노비는 세금을 낼 의무는 없었지만, 사고팔 수 있는 재산으로 여겨졌고 종일 주인이 시키는 고된 노동에 시달려야 했어.

이렇게 고려는 신분제 사회였지만, 지위와 신분을 상승시킬 수 있는 가능성도 열려 있었어. 향리가 과거에 급제해 중앙의 관리가 되거나, 노비 중 일부는 주인에게 돈을 주고 양인이 되기도 했단다.

백정

조선 시대의 백정은 가축을 도축하는 천민을 뜻하지만, 고려 시대의 백정은 특정한 직업을 가지지 않고 농사를 짓는 백성을 의미한다.

수평적인 가족 관계

고려 시대에는 남녀 차별이 비교적 적었어. 물론 여성이 관직에 오르고 사회 활동을 하는 것에는 제한이 있었지만, 가정생활에서는 남성과 대등한 위치에 있었단다.

부부는 각자 자신의 재산을 가지고 있었고, 재산을 상속할 때에도 아들과 딸에게 똑같이 나누어 주었어. 호적에도 아들과 딸을 구분하지 않고 태어난 순서대로 기록하였지.

고려 시대에는 한 남편이 한 아내만 두는 **일부일처제**가 일반
적이었어. 남녀가 결혼하면 신랑이 신부의 집, 즉 장가(장인과
장모의 집)에 살기도 하였어. 고려에서는 남녀 모두 이혼과 재
혼에 대해서도 자유로운 편이었다고 해. 또한, 아버지 쪽과 어
머니 쪽을 부르는 호칭도 지금처럼 친가와 외가로 구분하지 않
고 똑같이 불렀대.

대규모의 불교 행사, 연등회와 팔관회

고려는 연등회, 팔관회와 같은 불교 행사를 장려하였어. 왕건도 「훈요 10조」
에서 불교 행사를 성대하게 열 것을 당부하였지.

 연등회와 팔관회를 성대히 열어라!

연등회는 봄에 열리는 불교 행사였어. 전국 곳곳에 연등을 환하게 밝혀 후삼국
을 통일한 태조 왕건을 기리고 부처의 가르침이 널리 퍼지기를 기원하였지.

팔관회는 원래 부처를 믿는 사람들이 여덟 가지 규칙을 실천하는 의식이었어.
하지만 고려의 팔관회는 불교 의식뿐만 아니라 태조 왕건과 하늘의 신에게도
제사를 지내는 등 다양한 종교와 사상이 어우러진 행사였단다. 팔관회에는 외
국에서 온 상인이나 사신들도 참여하였고, 고려에 선물을 바치기도 했어.

| 고려 사람들의 생활 모습 |

❶ 고려는 [ ][ ]과 천인으로 나뉜 신분제 사회였어.

❷ 고려 시대 천인의 대부분은 [ ][ ]로, 이들은 사고팔 수 있는 재산으로 여겨졌어.

❸ [ ][ ][ ]는 전국 곳곳에 연등을 환하게 밝혀 태조 왕건을 기리고 부처의 가르침이 널리 퍼지기를 기원하는 불교 행사였어.

---

1 다음 (가)에 들어갈 퀴즈의 정답으로 옳은 것을 골라 기호를 쓰시오. ( )

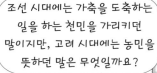

조선 시대에는 가축을 도축하는 일을 하는 천민을 가리키던 말이지만, 고려 시대에는 농민을 뜻하던 말은 무엇일까요?

한국사 퀴즈 대회

ㄱ 호족

ㄴ 백정

ㄷ 노비

ㄹ 신진 사대부

2 고려의 가족 제도와 혼인 제도에 관해 바르게 말한 사람의 이름을 쓰시오. ( )

일부다처제가 일반적이었어.
하나

여자는 결혼을 하면 재산을 가질 수 없었어.
의찬

아들과 딸이 부모의 재산을 똑같이 나누어 물려받았어.
소은

3 (가) 행사에 대한 설명으로 옳지 <u>않은</u> 것은? ( )

고려 시대의 (가)

· 「훈요 10조」에서 강조
· 연등회와 함께 고려의 중요한 행사
· 불교와 도교 및 민간 신앙이 어우러진 행사

① 외국 사신도 참석하였다.
② 고창(안동) 전투에서 유래하였다.
③ 송의 상인이 와서 특산물을 바쳤다.
④ 참석자들이 음악과 무용, 놀이를 즐겼다.

정답 확인

오늘 나의 실력은? 확인

1. 고려의 성립과 변천

고려에서는 어떤 종교와 학문이 발달하였을까?

다음은 고려 시대에 있던 국청사라는 절을 그린 그림이다. 법당 앞에서 사람들에게 부처의 가르침에 대해 강의하고 있는 승려를 찾아 동그라미 해 보자.

국청사 법당 앞에서 강의를 하고 있는 승려는 고려 문종의 넷째 아들인 '의천'이야.
그가 부처의 가르침에 대해 강의할 때에는 강의를 들으려고 모여드는 사람이 무려 천 명이 넘을 정도로 인기가 많았다고 해. 그런데 의천은 왜 왕자의 신분을 버리고 승려가 되었던 걸까? 고려 시대에 불교는 국가의 지원을 받아 크게 발전하였어. 승려들은 극진한 대접을 받았고, 의천처럼 왕실과 귀족의 자녀들이 승려가 되기 위해 출가를 하기도 했대.
그럼 이제부터 고려 시대에 불교가 어떻게 발달하였는지, 그리고 불교 외에 어떤 종교와 학문이 발달하였는지 더 자세히 알아보자!

큰별쌤의 영상

불교의 나라, 고려

고려가 '불교의 나라'라는 말은 그냥 나온 것이 아니었어. 고려에서 불교는 왕실은 물론 백성들 대부분이 믿는 국가 종교였어. 그래서 불교는 고려 왕실의 보호와 후원을 받으면서 크게 발전하였지.

태조 왕건은 개경에 많은 절을 세웠고, 연등회와 팔관회를 비롯한 불교 행사를 크게 열 것을 당부하였어. 광종은 과거제에 승려를 뽑는 승과를 설치하였지.

선종과 교종의 통합 노력

고려의 불교는 교종과 선종으로 나뉘어 대립하였어. 고려 초기에는 신라 말부터 발달한 선종이 유행하였으나, 귀족 사회가 안정되면서 국가의 후원을 받는 교종이 유행하였어.

교종의 대표적인 인물은 의천이야. 문종의 넷째 아들로서 왕자의 신분을 버리고 승려가 된 인물이지. 의천은 천태종을 창시하여 교종을 중심으로 선종을 통합하려고 하였어.

무신 정변이 일어난 뒤 문벌 귀족의 지원을 받아 온 교종이 쇠퇴하고, 무신의 후원을 받은 선종이 유행하였어. 무신 집권기에 불교계가 타락하자 지눌은 불교의 문제점을 비판하며 불교 개혁 운동을 펼쳤지. 또한, 선종을 중심으로 교종을 통합하고자 하였어.

◀ 영통사 대각 국사비
승려가 된 의천을 위해 세운 비석이다.

▲ 대각 국사 의천

▲ 보조 국사 지눌

유교, 고려를 다스리는 이념이 되다

고려 시대 사람들의 생활에 영향을 미친 것은 불교였지만, 국가를 다스리는 통치 이념은 유교였단다. 고려에서는 과거제를 실시하여 유학을 공부한 뛰어난 인재를 선발하였고, 개경에는 국자감, 지방에는 향교를 세워 유교 경전과 역사서를 가르쳤어.

유학 교육은 무신 정변으로 문벌 사회가 무너지면서 한동안 침체하였으나, 원으로부터 성리학을 수용하면서 다시 활발해졌어. 유학의 새로운 흐름인 성리학은 충렬왕 때 안향이 고려에 소개하였어. 이후 이제현, 이색을 거쳐 정몽주, 정도전 등에게 전해지며 더욱 발달하였지. 성리학을 공부한 신진 사대부들은 성리학의 이념을 통해 고려 사회의 문제점을 해결하고자 노력했단다.

▲ 안향

역사서를 편찬하다

고려 시대 유학의 발달은 역사서의 편찬에도 영향을 미쳤어. 김부식이 왕의 명령을 받아 편찬한 『삼국사기』는 현재까지 우리나라에 전해지는 가장 오래된 역사책이야. 김부식은 『삼국사기』를 통해 고려의 통일 신라 계승 의식을 내세우고, 유교적 입장에서 합리적이고 객관적인 내용만 서술하였어.

한편, 이규보는 『동명왕편』을 지어 고구려의 시조 동명왕의 업적을 칭송하였고, 고려가 고구려를 계승했다는 의식을 드러냈어.

몽골의 침입과 원 간섭기에는 자주 의식을 담은 역사서가 편찬되었어. 대표적인 것이 일연의 『삼국유사』야. 『삼국유사』는 단군 이야기와 고조선의 역사를 수록하였어. 이승휴도 『제왕운기』를 편찬하여 단군 조선을 우리 민족 최초의 국가로 기록하였지. 단군을 우리 민족의 시조로 기록하여 민족을 하나로 통합해 나라의 어려움을 이겨 내자는 생각을 담은 것이란다.

고려인은 고구려, 백제, 신라의 후예이기 이전에 다 같은 단군의 후예랍니다.

일연

| 고려의 종교와 학문 발달 |

정리해 보자!

❶ ⬜⬜ 은 불교 개혁 운동을 펼쳤고, 선종을 중심으로 교종을 통합하고자 했어.

❷ 성리학은 충렬왕 때 ⬜⬜ 이 고려에 소개하였어.

❸ 김부식이 편찬한 『⬜⬜⬜⬜』는 현재까지 우리나라에 전해지는 가장 오래된 역사 책이야.

---

1 고려 시대 불교의 특징에 관한 설명으로 맞으면 ○표, 틀리면 ×표 하시오.

(1) 불교는 왕실과 지배층을 중심으로 유행하였다. ( )

(2) 태조는 개경에 많은 절을 세웠으며, 불교 행사를 크게 열 것을 당부하였다. ( )

(3) 광종은 과거제에 승려를 뽑는 승과를 설치하였다. ( )

2 다음에서 설명하는 역사서의 이름을 쓰시오. ( )

- 고려 충렬왕 때 일연이 편찬한 역사서이다.
- 책에는 불교 관련 내용과 전설, 설화, 풍속 등을 실었고, 단군 이야기와 고조선의 역사가 담겨 있다.

한국사능력검정시험 기출

3 (가)에 들어갈 인물에 대한 설명으로 옳은 것은? ( )

인물 한국사

대각국사

(가)

△△△ 지음

왕자로 태어나 승려가 되어 천태종을 개창한 그의 일생을 만나보세요.

① 의천
② 혜초
③ 원효
④ 묘청

1. 고려의 성립과 변천

고려의 불교문화를 대표하는 문화재를 살펴볼까?

 다음은 고려 시대에 만들어진 높이 약 18 m의 논산 관촉사 석조 미륵보살 입상이다. 고려 시대에 이렇게 거대한 불상을 만든 이유는 무엇일지 생각하며, 불상을 색칠해 보자.

그림 속 불상은 광종의 명령으로 만들어진 논산 관촉사 석조 미륵보살 입상이야.

높이가 약 18 m로 거대하고 머리가 몸에 비해 커서 불균형적인 모습을 보이고 있어.

고려 왕실은 왜 이렇게 거대한 불상을 만든 걸까? 이는 백성이 거대한 불상을 보며 고려 왕실에 믿음과 존경심을 가지도록 하기 위함이었단다.

당시에는 왕실이나 귀족뿐만 아니라 지방 호족도 전국 곳곳에 절을 세우고 불상을 만들어 지역 사람들의 마음을 모으고 사람들에게 영향력을 미치고자 하였어.

커다란 불상 외에도 불교가 고려의 문화에 어떤 영향을 미쳤을지 궁금하지? 그럼 이제부터 고려의 불교문화를 대표하는 문화재를 우리 함께 알아보자!

큰별쌤의 영상

고려, 불교문화가 발달하다

고려 시대에 불교는 왕실의 적극적인 지원을 받으면서 크게 발전하였어. 전국 각지에 많은 절이 세워지고 석탑, 불상 등이 만들어졌지. 특히, 고려 왕실에서는 후삼국 통일의 업적을 기리고 고려 건국의 정당성을 알리기 위해 **커다란 불상과 탑을 만들었어.** 백성들이 불상을 보며 고려 왕실에 믿음과 존경을 가지도록 하기 위해서였단다.

고려의 불상과 불화

고려의 불상

내 키는 무려 18m야.

고려 초기에는 하남 하사창동 철조 석가여래 좌상과 같이 철로 만든 대형 불상이 유행하였어. 논산 관촉사 석조 미륵보살 입상과 같은 거대한 석조 불상도 많이 만들었지. 불상을 만드는 재료로 철, 돌, 금동 등이 다양하게 사용되었단다. 한편, 영주 부석사 소조 여래 좌상과 같이 통일 신라 시대의 양식을 계승한 불상도 만들었어.

▲ 논산 관촉사 석조 미륵보살 입상
▲ 하남 하사창동 철조 석가여래 좌상
▲ 영주 부석사 소조 여래 좌상

고려의 불화

고려 후기에는 왕실과 귀족의 지원을 받아 화려한 불화가 많이 제작되었어. 불화는 부처의 모습이나 불경의 내용을 그린 그림이지. 불화에는 왕실과 귀족의 평안이나 극락왕생을 기원하는 내용이 담겨 있어. 귀족의 취향이 반영되어 검은 비단에 금·은가루를 사용하여 세밀하고 화려하게 그려졌단다.

「수월관음도」 ▶

극락왕생
'극락'은 불교에서 안락하고 아무 걱정이 없는 곳으로, 극락왕생은 죽은 뒤에 극락에서 다시 태어나는 것을 의미한다.

고려의 절과 석탑

고려의 절

현재 남아 있는 고려 시대의 절은 고려의 불교 건축 기술이 얼마나 우수했는지 보여 준단다. 안동 봉정사 극락전, 영주 부석사 무량수전, 예산 수덕사 대웅전 등이 대표적인 절로, 기둥 중간 부분의 배가 약간 부르도록 한 **배흘림기둥**과 기둥 위에만 공포를 두는 **주심포 양식**을 갖추었어.

특히 안동 봉정사 극락전은 우리나라에 남아 있는 가장 오래된 목조 건축물이고, 영주 부석사 무량수전은 배흘림기둥과 안정감 있는 모습으로 유명해.

공포
지붕 처마 끝의 무게를 받치기 위하여 기둥머리에 짜 맞추어 댄 나무 조각을 말한다. 주심포 양식은 건물을 간소하고 단아하게 보이게 한다.

▲ 안동 봉정사 극락전

▲ 영주 부석사 무량수전

고려의 석탑

고려 시대에는 사각형의 평면에서 벗어나 각이 많고, 층이 여러 개인 **다각 다층 석탑**이 유행하였어. 팔각형으로 탑돌을 만들어 9층으로 쌓은 평창 월정사 팔각 구층 석탑은 고려 전기의 석탑을 대표하는 작품이야. 각각의 탑돌 지붕에 청동으로 작은 풍경을 만들어 장식하기도 하였지.

고려 후기에는 **원의 영향**을 받은 개성 경천사지 십층 석탑도 만들어졌어. 우리나라의 석탑은 대부분 화강암으로 만들었는데, 이 탑은 대리석으로 만들었고 탑의 각 층에는 화려한 조각을 새겨 넣었단다.

약 15.2 m · 약 13.5 m
▲ 평창 월정사 팔각 구층 석탑 ▲ 개성 경천사지 십층 석탑

| 고려의 불교문화 |

❶ 영주 부석사 소조 여래 좌상은 ☐☐☐☐ 시대의 양식을 계승해 만들어졌어.

❷ 고려 후기 왕실과 귀족의 지원을 받아 제작된 ☐☐는 검은 비단에 금·은가루를 사용하여 세밀하고 화려하게 그려졌어.

❸ 안동 봉정사 극락전은 기둥 위에만 공포를 두는 ☐☐☐ 양식을 갖추었어.

---

1 고려 왕실에서 다음 사진과 같은 거대한 불상을 만든 까닭을 쓰시오.

◀ 논산 관촉사 석조 미륵보살 입상

_____

_____

_____

2 오른쪽 사진의 영주 부석사 무량수전에서 기둥 중간 부분의 배가 약간 부르도록 한 기둥을 무엇이라고 하는지 쓰시오.

(   )

한국사능력검정시험 기출

3 (가)에 해당하는 탑으로 옳은 것은?   (   )

□□신문

제△△호   ○○○○년 ○○월 ○○일

우리 품에 돌아온 문화재

(가) **기념 메달 출시**

한국 조폐 공사는 국보 제86호인 (가) 을 기념하는 메달을 출시했다. 이 탑은 고려 시대 원나라 탑 양식의 영향을 받아 대리석으로 제작되었다. 1907년 일본으로 무단 반출되었다가 10여 년만에 반환되었다. 현재는 국립 중앙 박물관에 전시되어 있다.

①  감은사지 삼층 석탑

② 경천사지 십층 석탑

③  월정사 팔각 구층 석탑

④  화엄사 사사자 삼층 석탑

정답 확인

 오늘 나의 실력은?   확인

1. 고려의 성립과 변천

고려를 대표하는 공예품은 어떤 것이 있을까?

 다음은 고려 귀족들이 청자로 만든 생활용품을 사용하는 모습이다. 청자의 신비한 푸른빛을 상상하며 청자로 만든 생활용품을 색칠해 보자.

고려의 귀족들은 신비한 푸른빛을 띤 청자를 매우 좋아했어.
고려청자는 주전자나 찻잔 같은 그릇뿐만 아니라 베개, 촛대, 의자, 바둑판, 벼루 등 다양한 생활용품으로 만들어졌지. 당시 청자는 만들기가 어려워 가치가 매우 높았는데, 귀족들은 이렇게 일상생활에서 다양하게 청자를 사용했단다. 고려의 귀족들이 얼마나 화려한 삶을 살았는지 짐작이 되지?
고려뿐만 아니라 세계에서도 인정받은 고려청자, 그리고 고려를 대표하는 또 다른 공예품인 나전 칠기에 대해서 우리 함께 알아보자!

고려를 대표하는 고려청자

고려청자의 빛깔이 비취옥의 비색과 같구나!

고려청자

비취옥

중국에서 받아들인 청자 제작 기술

고려 시대에는 청자를 만드는 기술이 발전하였어. 초기에는 단순히 중국의 기술을 받아들였지만, 고려 사람들은 점차 고려만의 독특한 기법을 적용해 고려청자를 한층 더 발달시켰단다.

고려청자는 중국의 청자와 다르게 문양이 섬세하며, 은은하고 신비한 푸른빛이 매우 아름다웠어. 청자를 처음 만든 중국에서도 고려청자를 '천하제일 비색'이라며 으뜸으로 여겼단다.

상감 청자의 발달

고려는 상감이라는 공예 기법을 도자기에 적용해 '상감 청자'를 만들어 냈어. 상감 기법은 원래 청동이나 다른 조각품에 많이 쓰이고 있었는데, 고려 사람들이 고려청자에 적용한 것이지.

청자의 상감 기법은 청자의 표면에 무늬를 새기고 그 위에 백토, 흑토, 적토 등 다양한 색의 흙으로 메운 후 유약을 발라 굽는 방법이야. 이렇게 만들어진 상감 청자는 아름다운 비색과 독특한 상감 기법의 무늬가 더해져 더욱 화려하고 아름다웠단다.

유약
도자기 겉면에 광택이 나게 하는 액체로, 유약을 발라 불에 구우면 도자기 표면이 유리처럼 매끈해지고 반짝거리게 된다.

상감 청자 만들기

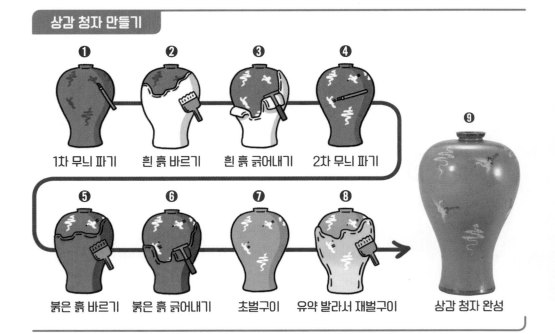

❶ 1차 무늬 파기 ❷ 흰 흙 바르기 ❸ 흰 흙 긁어내기 ❹ 2차 무늬 파기
❺ 붉은 흙 바르기 ❻ 붉은 흙 긁어내기 ❼ 초벌구이 ❽ 유약 발라서 재벌구이
❾ 상감 청자 완성

다양한 고려청자의 종류

고려청자를 살펴보면 고려 귀족들의 화려한 문화를 엿볼 수 있어. 당시 청자는 만들기가 어렵고 매우 귀해서 아무나 사용할 수 있던 건 아니었지. 하지만 고려의 귀족들은 고려청자를 주전자나 찻잔과 같은 그릇뿐만 아니라 기와, 의자, 베개, 향로, 연적 등 다양한 생활용품으로 만들어서 사용했단다. 심지어 변기나 침 뱉는 그릇도 청자로 만들었다고 해.

청자를 만들려면 철분이 섞여 있는 특별한 흙을 사용해야 했어. 또한 가마를 만드는 기술, 불을 다루는 기술, 유약을 만드는 기술 등이 뛰어나야 했지. 당시 고려의 도예 기술이 얼마나 뛰어났는지 알겠니?

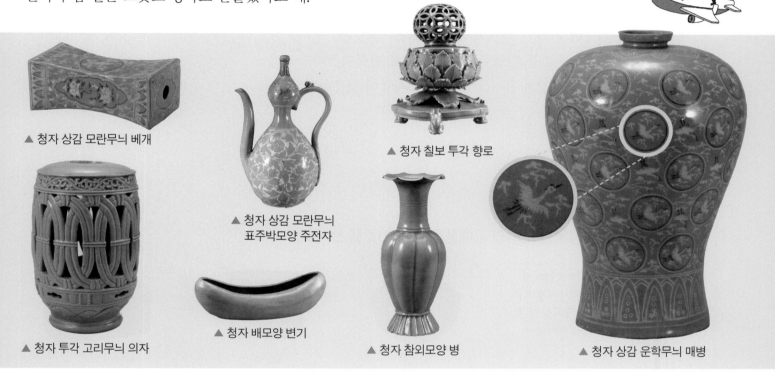

▲ 청자 상감 모란무늬 베개

▲ 청자 투각 고리무늬 의자

▲ 청자 상감 모란무늬 표주박모양 주전자

▲ 청자 배모양 변기

▲ 청자 칠보 투각 향로

▲ 청자 참외모양 병

▲ 청자 상감 운학무늬 매병

또 하나의 인기 수출품, 나전 칠기

고려의 뛰어난 공예 기술을 보여 주는 예술품에는 나전 칠기도 빼놓을 수 없단다. 나전 칠기는 상자나 그릇, 장롱 등의 가구에 얇게 간 조개껍데기를 오려 붙여 장식을 한 후, 오래 보존될 수 있도록 옻칠을 한 것이야.

화려하고 섬세한 고려의 나전 칠기는 고려뿐만 아니라 다른 나라 사람들에게도 인기가 많아 고려의 대표적인 수출품이 되었단다.

불교 경전을 넣어 두는 함인데, 이렇게 정교하고 예쁘다니!

▲ 나전 모란넝쿨무늬 경함

| 고려를 대표하는 공예품 |

❶ 고려는 상감이라는 공예 기법을 도자기에 적용해 ☐☐☐☐ 를 만들어 냈어.

❷ 고려청자를 살펴보면 고려 ☐☐ 들의 화려한 문화를 엿볼 수 있어.

❸ ☐☐☐☐ 는 그릇이나 가구 등에 조개껍데기로 장식해 옻칠을 한 공예품이야.

---

1 고려청자에 관한 설명으로 옳은 것을 보기 에서 골라 기호를 쓰시오.　　　　(　　　　)

> **보기**
>
> ㉠ 맑고 깨끗한 흰색의 빛깔로 유명하였다.
> ㉡ 의자, 베개, 향로 등 다양한 생활용품으로 만들어졌다.
> ㉢ 만들기가 쉽고 값이 싸서 고려의 많은 사람이 사용하였다.

2 다음 사람이 설명하는 고려의 공예품을 골라 기호를 쓰시오.　　　　(　　　　)

표면에 얇게 간 조개껍데기를 오려 붙여 장식을 한 후 옻칠을 하였어.

㉠

놋그릇

㉡

화문석

㉢

나전 칠기

한국사능력검정시험 기출

3 (가)에 들어갈 문화유산으로 옳은 것은?　　　　(　　　　)

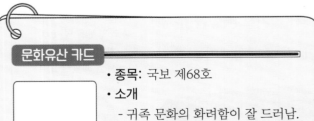

문화유산 카드

(가)

- 종목: 국보 제68호
- 소개
  - 귀족 문화의 화려함이 잘 드러남.
  - 표면에 그림을 그려서 파낸 자리에 다른 색의 흙을 메워 유약을 발라 굽는 기법으로 제작됨.

①
미송리식 토기

②
청자 상감 운학문 매병

③
분청사기 철화 연어문 병

④
백자 청화 매죽문 항아리

정답 확인

오늘 나의 실력은?　확인

고려는 어떻게 인쇄 강국이 되었을까?

 다음은 고려 인쇄 문화의 우수성을 알 수 있는 팔만대장경판을 만드는 과정이다. 그림과 설명을 보고 팔만대장경판을 만드는 순서대로 빈칸에 알맞은 번호를 써 보자.

나무를 잘라 바닷물에 2년간 담가 두기

글자를 새긴 목판을 한 장씩 찍어 보고 틀린 글자 골라내기

일정한 크기로 잘라 글자 새기기

바람이 잘 드는 그늘에서 1년간 말리기

나무를 알맞은 크기로 자른 뒤 소금물에 삶기

귀퉁이를 구리판으로 마감하고 옻칠을 해 보관하기

신라 때부터 발달해 온 우리나라의 목판 인쇄술은 고려 때 팔만대장경을 만들며 한층 더 발전한단다.

목판 인쇄술의 발전은 금속 활자의 발명으로 이어졌어. 금속 활자를 발명한 고려는 세계에서 가장 오래된 금속 활자 인쇄본을 만들었단다. 바로 청주 흥덕사에서 인쇄된 『직지심체요절』이야.

그럼 이제부터 세계 최고로 인정받는 고려의 인쇄술에 대해 함께 알아볼까?

큰별쌤의 영상

팔만대장경이 만들어지다

우리나라는 오랜 인쇄의 역사를 자랑하는 나라야. 신라 때부터 발달해 온 목판 인쇄술은 고려 시대에 대장경을 만들면서 크게 발달하였어.

고려에서 대장경을 처음 만든 것은 거란이 쳐들어왔을 때야. 고려 사람들은 거란의 침입을 물리치기 위해 초조대장경을 만들었지. 그러나 몽골의 침입으로 초조대장경이 불에 타 없어지자, 고려 사람들은 부처의 힘으로 몽골의 침입을 이겨 내고자 대장경을 다시 만들었어. 목판 8만여 장에 글자를 새겼기 때문에 '팔만대장경'이라고 부르지만, 원래 이름은 두 번째로 만든 대장경이라는 의미에서 재조대장경이란다.

대장경
부처의 가르침인 불교 경전을 모두 모아 놓은 책을 말한다.

▲ 『팔만대장경』

대장경은 불교에 관한 지식 수준이 매우 높아야 만들 수 있어.

『팔만대장경』을 인쇄한 팔만대장경판에는 5천만 자가 넘는 글자가 새겨져 있어. 글자 수가 많은 것도 놀랍지만, 더 놀라운 건 새겨진 글자가 한 사람이 새긴 것처럼 고르고 틀린 글자가 거의 없다는 거야. 고려의 목판 제조술과 조각술, 인쇄술이 얼마나 뛰어났는지 알 수 있지. 게다가 글자를 하나 새겨 넣을 때마다 세 번씩 절을 했대. 그 정성과 노력도 정말 대단했던 것 같아.

▲ 합천 해인사 팔만대장경판

▽ 합천 해인사 장경판전
조선 시대에 건축된 장경판전은 대장경판이 보관되어 있는 건물로, 통풍이 잘되며 온도와 습도가 자연스럽게 조절되도록 만들어졌다.

금속 활자를 발명하다

금속 활자의 발명

목판 인쇄술의 발전은 금속 활자의 발명으로 이어졌어. 목판은 썩거나 갈라져 보관하기 어려웠고, 글자 하나를 잘못 새기면 다시 한 판을 새로이 만들어야 했지. 반면에 금속 활자는 쉽게 마모되지 않고 보관이 쉬웠어. 필요한 글자를 조합하여 판을 새로 짤 수 있어서 더 많은 책을 인쇄할 수 있었단다.

◀ 금속 활자의 앞면

▼ 금속 활자의 뒷면

▲ 금속 활자를 배열하는 모습

마모(磨 갈 **마**, 耗 소모할 **모**)
마찰되는 부분이 닳아서 없어지는 것을 말한다.

현존하는 가장 오래된 금속 활자 인쇄본, 직지심체요절

오늘날 전해지는 금속 활자 인쇄본 중 가장 오래된 것은 『직지심체요절』로, 『직지』라고도 해. 『직지심체요절』은 청주 흥덕사에서 인쇄한 책으로, 독일 구텐베르크가 금속 활자로 인쇄한 성경보다 무려 70여 년이나 앞섰다고 해.

안타깝게도 『직지심체요절』은 현재 우리나라에서는 볼 수 없어. 『직지심체요절』은 대한 제국 시기에 주한 프랑스 공사에 의해 프랑스로 넘어가게 되었고, 현재는 프랑스 국립 도서관에 보관되어 있어.

프랑스 국립 도서관에서 근무하던 박병선 박사는 『직지심체요절』을 발견하고, 1972년 세계에 처음으로 소개하였어.

『직지심체요절』이 구텐베르크의 성경보다 70여 년이나 앞서 금속 활자로 인쇄되었습니다.

박병선 박사는 5년이 넘는 시간 동안 이 사실을 증명하기 위해 끊임없이 노력하였고, 그 결과 『직지심체요절』이 오늘날 세계에서 가장 오래된 금속 활자 인쇄본임을 인정받았지. 『직지심체요절』은 2001년에 유네스코 세계 기록 유산으로도 등재되었단다.

▲ 『직지심체요절』(1377년)

| 고려 인쇄술의 발전 |

정리해 보자!

❶ 고려 시대 몽골의 침입으로 ☐☐ 대장경이 불에 타 없어졌어.

❷ 고려가 발명한 ☐☐☐☐ 는 필요한 글자를 조합하여 판을 새로 짤 수 있어서 더 많은 책을 인쇄할 수 있었어.

❸ 『☐☐☐☐☐☐』 은 오늘날 전해지는 금속 활자 인쇄본 중 가장 오래된 것이야.

1 고려 사람들이 다음 그림과 같은 과정을 통해 『팔만대장경』을 만든 까닭을 쓰시오.

_____

_____

_____

_____

2 합천 해인사 팔만대장경판에 관한 설명으로 맞으면 ○표, 틀리면 ×표 하시오.

(1) 현재 프랑스 국립 도서관에 보관되어 있다. (   )

(2) 금속으로 만들어져 쉽게 마모되지 않고 보관이 쉽다. (   )

(3) 8만여 장에 이르고, 5천만 자가 넘는 글자가 새겨져 있다. (   )

(4) 새겨진 글자가 한 사람이 새긴 것처럼 고르고 틀린 글자가 거의 없다. (   )

한국사능력검정시험 기출

3 (가)에 들어갈 문화유산으로 옳은 것은? (   )

이 책에 대해 소개해 주시겠습니까?

프랑스 국립 도서관에서 근무하던 박병선 박사가 이 책을 연구하여 지금까지 남아 있는 금속 활자 인쇄본 가운데 세계에서 가장 오래된 것이라는 사실을 밝혀냈습니다.

(가)

① 경국대전

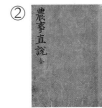
② 농사직설

③ 동의보감

④ 직지심체요절

도전! 한국사능력검정시험

고려는 주변의 나라들과 활발하게 교류하며 훌륭한 문화를 만들어 냈단다.
고려에서 발달한 다양한 문화를 정리해 보자!

코리아!

공부한날
월
일

고려의 활발한 대외 무역

벽란도의 성장	• 고려와 송이 바닷길을 이용해 교류하며 벽란도가 국제 무역항으로 성장함. • 아라비아 상인들에 의해 고려가 코리아라는 이름으로 외국에 알려짐.
화폐의 발달	무역을 할 때는 주로 은병을 화폐처럼 사용하였고, 나라 안에서는 건원중보, 해동통보 등의 화폐를 사용하도록 권함. ➡ 고려 사람들은 화폐보다는 쌀이나 옷감을 이용해 물건을 사고팜.

고려 사람들의 생활 모습

열린 신분제 사회	• 양인과 천인으로 나뉜 신분제 사회로, 양인의 대부분은 '백정'이라고 불리는 농민으로 구성됨. • 과거 시험 등 지위와 신분을 상승시킬 수 있는 가능성도 열려 있음.
수평적인 가족 관계	• 남녀 차별이 비교적 적어서 가족 내에서 남녀의 권리가 동등함. • 일부일처제가 일반적이었고, 남녀 모두 이혼과 재혼에 대해서 자유로움.

고려의 종교와 학문 발달

불교의 발전	• 불교가 고려 왕실의 보호와 후원을 받으면서 크게 발전함. ➡ 많은 절을 세웠고 연등회와 팔관회 등을 개최하였으며, 승과를 설치함. • 천태종을 창시한 의천은 교종을 중심으로 선종을 통합하려 하고, 불교 개혁 운동을 펼친 지눌은 선종을 중심으로 교종을 통합하려 함.
유학의 발전	• 유교는 국가를 다스리는 통치 이념임. ➡ 과거제를 통해 유학을 공부한 뛰어난 인재를 선발하고, 개경에 국자감, 지방에 향교를 세워 유학 교육을 실시함. • 충렬왕 때 안향이 성리학을 고려에 소개함.

고려의 문화와 예술 발전

불교문화의 발전	• 지방에서는 거대한 석조 불상이 많이 만들어지고, 왕실과 귀족의 지원을 받아 화려한 불화가 많이 제작됨. • 배흘림기둥과 주심포 양식을 갖춘 절, 다각 다층 석탑이 유행함.
공예술의 발전	• 고려청자의 비색은 세계적으로 유명하였고, 도자기에 상감 기법을 적용해 상감 청자를 만들어 냄. • 화려하고 섬세한 장식의 나전 칠기는 고려의 대표적인 수출품이 됨.
인쇄술의 발전	팔만대장경을 만들며 목판 인쇄술이 발전함. ➡ 금속 활자의 발명으로 오늘날 전해지는 금속 활자 인쇄본 중 가장 오래된 『직지심체요절』을 남김.

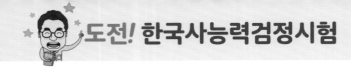

1 (가)에 들어갈 장소로 옳은 것은? (   )

> 고려에 멀리 아라비아 상인까지 교역을 하러 왔다고 해. 이들에 의해 고려가 '코리아'라는 이름으로 세계에 알려졌대.

> 맞아. 예성강 하구의 (가) 에는 아라비아 뿐만 아니라 송의 상인들도 많이 왕래했다고 해.

① 당항성
② 벽란도
③ 울산항
④ 청해진

2 선생님의 질문에 대한 학생의 대답으로 옳은 것은? (   )

> 이 화폐를 만든 나라의 경제 활동에 대해 말해 볼까요?

건원중보   은병

① 대동법이 시행되었어요.
② 모내기법이 전국적으로 보급되었어요.
③ 나전 칠기, 인삼, 화문석 등을 수출했어요.
④ 감자와 고구마가 구황 작물로 재배되었어요.

3 다음 주제에 관한 학생들의 대화 내용으로 옳지 않은 것은? (   )

> 탐구 주제: 고려 시대의 사회 모습

① 고려 시대에는 대규모 종교 행사로 연등회와 팔관회가 열렸어.

② 고려 시대에는 아들 딸 모두 부모의 제사를 모실 수가 있었어.

③ 고려 시대의 백정은 천민으로 도축업에 종사하는 사람을 가리켰어.

④ 고려에서 고위 관리의 자식은 시험을 보지 않고 관직에 오를 수 있었어.

4 다음 인물 카드 주인공의 활동으로 옳은 것은? (   )

- 문종의 넷째 아들로 태어남.
- 교종을 중심으로 선종을 통합하려 노력함.
- 대각 국사라는 시호를 받음.

(앞면)   (뒷면)

① 무애가를 지었다.
② 천태종을 개창하였다.
③ 영주 부석사를 건립하였다.
④ 『왕오천축국전』을 저술하였다.

5 (가)에 들어갈 불상으로 옳은 것은?

(   )

이 불상은 고려 시대에 만들어진 불상으로 우리나라에서 가장 큰 석조 불상이에요. 개성 있는 지방색을 잘 드러내고 있어요.

한국사 퀴즈 대회

(가)

① 경주 석굴암 본존불상
② 서산 용현리 마애 여래 삼존상
③ 경주 배동 석조 여래 삼존 입상
④ 논산 관촉사 석조 미륵보살 입상

6 (가)에 들어갈 공예품으로 옳은 것은?

(   )

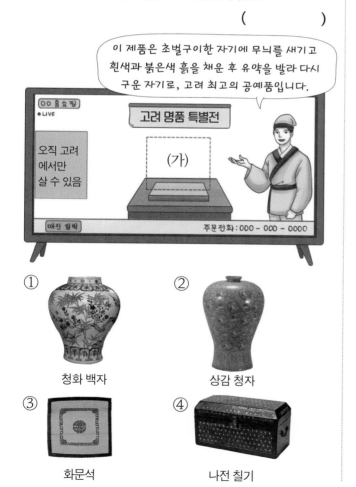

이 제품은 초벌구이한 자기에 무늬를 새기고 흰색과 붉은색 흙을 채운 후 유약을 발라 다시 구운 자기로, 고려 최고의 공예품입니다.

○○ 홈쇼핑
●LIVE
고려 명품 특별전
오직 고려에서만 살 수 있음
(가)
매진 임박
주문전화 : 000 - 000 - 0000

① 청화 백자

② 상감 청자

③ 화문석

④ 나전 칠기

7 (가)에 들어갈 문화유산으로 옳은 것은?

(   )

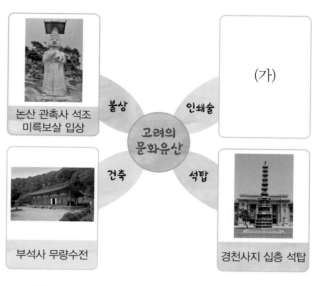

논산 관촉사 석조 미륵보살 입상

불상

인쇄술

(가)

고려의 문화유산

건축

석탑

부석사 무량수전

경천사지 십층 석탑

① 경국대전

② 칠정산 내편

③ 직지심체요절

④ 삼강행실도

다음은 한국사능력검정시험에 자주 출제되는 핵심 낱말을 뽑아 구성한 가로세로 퍼즐이다. 공부한 내용을 떠올리며 퍼즐을 완성해 보자.

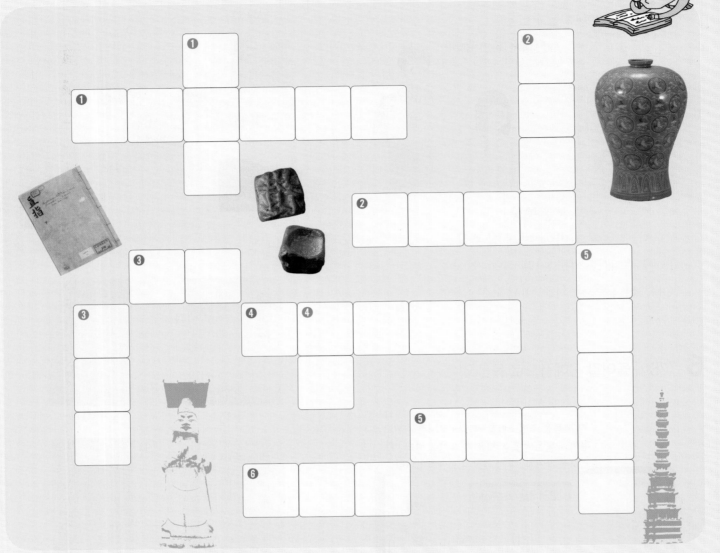

가로 열쇠

❶ 오늘날 전해지는 금속 활자 인쇄본 중 가장 오래된 것이다.

❷ ○○ ○○의 발명으로 다양한 책을 목판 인쇄보다 쉽게 인쇄하기 시작하였다.

❸ 성리학은 고려 충렬왕 때 ○○이 고려에 소개하였다.

❹ 팔만대장경의 원래 이름은 두 번째로 만든 대장경이라는 의미에서 ○○○○○이었다.

❺ 김부식이 편찬하였으며, 현재까지 우리나라에 전해지는 가장 오래된 역사책이다.

❻ 예성강 하구에 있던 고려 시대의 국제 무역항이다.

세로 열쇠

❶ 안동 봉정사 극락전, 영주 부석사 무량수전은 기둥 위에만 공포를 두는 ○○○ 양식을 갖추었다.

❷ 고려는 청자의 표면에 무늬를 새기고, 거기에 다른 색 흙을 메운 후 유약을 발라 ○○ ○○를 만들었다.

❸ 불교뿐만 아니라 도교 및 민간 신앙이 어우러진 고려의 종교 행사였다.

❹ 나전 칠기는 얇게 간 ○○껍데기로 장식을 한 후, 옻칠을 한 공예품이다.

❺ 영주 부석사 무량수전은 기둥 중간 부분의 배가 약간 부르도록 한 ○○○○○으로 유명하다.

조선은 어떻게 등장하였을까?

다음은 이성계가 우왕에게 보낸 편지를 재구성해 본 것이다. 초성 힌트를 보고, 편지 속의
□□□ 안에 들어갈 말을 써 보자.

저는 명을 받들어 요동으로 향하고 있습니다.
압록강 근처에 도착하자마자 큰 폭우를 만났고,
강의 물이 크게 불어
ㅇ ㅎ ㄷ 에 갇혀 있습니다.

이대로 많은 군사를 이끌고 강을 건너기가
매우 힘듭니다.
지금 요동 정벌을 위해 강을 건너는 것은
군사들의 목숨을 버리는 일입니다.
개경으로 돌아가는 것을 허락해 주십시오.

- 이성계 -

정답: □ □ □

위화도는 압록강 하류에 있는 큰 섬이란다.
고려 말 중국에서는 원나라가 쇠퇴하고 명나라가 들어섰지. 명나라는 고려를 압박하기 시
작했고, 이에 대항하여 고려가 먼저 명의 영토인 요동을 공격하자고 주장하는 사람이 생겨
났어. 그리고 왕은 요동 정벌을 위해 이성계를 보낸단다.
이성계가 이끄는 고려 군대는 큰 비로 압록강의 물이 불어나 강을 건너지 못하고 위화도
에서 멈추었지. 그리고 이성계는 위화도에서 군사를 돌려 개경으로 돌아갔어.
위화도에서 돌아온 이성계가 어떻게 조선을 건국했는지 우리 함께 자세히 알아볼까?

이성계와 정도전이 만나다

고려 말에 등장한 신진 사대부들을 기억하지? 정도전, 조준, 정몽주와 같은 신진 사대부들은 원나라에 의지하고 있는 권문세족들을 비판했어.

공민왕이 죽고 어린 우왕이 왕위에 오르자 권문세족들이 다시 세력을 잡고, 이들을 비판하던 정도전은 지방으로 쫓겨났어. 백성이 힘들게 살아가는 모습을 목격한 정도전은 백성을 위한 정치를 펼쳐야겠다고 다짐했지.

그래서 정도전은 신흥 무인 세력인 이성계를 찾아갔단다. 이성계는 정도전의 다짐과 이상을 펼칠 힘, 즉 군대를 가지고 있었지. 정도전과 이성계의 만남은 고려를 멸망시키고 새로운 시대를 열게 되는 역사적 장면이라고 할 수 있어.

이성계가 위화도에서 돌아서다

고려 말 중국에서는 원나라가 쇠퇴하고 새롭게 명나라가 들어섰어. 명나라는 고려에게 공민왕 때 고려가 원으로부터 되찾은 철령 이북의 땅을 내놓으라고 요구했어. 이에 최영은 다음과 같이 주장했지.

고려가 먼저 요동을 공격해 명나라를 물리칩시다!

우왕은 결국 최영의 주장을 받아들여 요동 정벌에 나서고, 이성계를 요동으로 보낸단다.

이성계는 요동 정벌에 반대했지만 결국 왕의 명령에 따를 수밖에 없었어. 하지만 이성계는 군대를 돌릴 것을 결심하지. 실패하면 반역자로 처벌받을 수 있는 위험을 무릅쓰고 위화도에서 개경으로 돌아가는 '위화도 회군'을 한단다.

개경으로 돌아온 이성계는 최영을 귀양 보내고 우왕을 물러나게 한 후 창왕을 즉위시켰어. 이렇게 이성계는 고려의 권력을 거머쥐었지.

새로운 왕조가 열리다

권력을 잡은 이성계는 정도전을 비롯한 신진 사대부과 함께 토지 제도를 바꾸려고 했어. 원 간섭기에 권문세족이 농민들의 땅까지 빼앗아 매우 넓은 땅을 가지고 있었거든. 이것을 다시 빼앗아 신진 사대부와 원래 주인들에게 나누어 주려고 한 거야. 신진 사대부와 이성계는 권문세족이 불법적으로 소유한 땅을 빼앗고, 관리의 등급에 따라 토지를 나눠 주는 과전법을 시행했단다.

한편 신진 사대부는 두 갈래로 나뉘었어.

새로운 나라를 만들자!

고려를 유지하자!

정도전과 같은 신진 사대부들은 부패한 고려를 없애고 새로운 나라를 세워야 한다고 했지. 그러나 정몽주와 같은 신진 사대부들은 고려를 개혁하는 것에는 찬성하지만, 새로운 나라를 세우는 것에는 반대했어.

온건한 개혁을 원하는 신진 사대부를 움직이기 위해서는 정몽주가 필요했어. 그래서 이성계의 아들인 이방원은 정몽주의 뜻을 알아보기 위해 그를 찾아가 시를 한편 지어 주었어. 그리고 정몽주 역시 시를 지어 답을 했지.

이방원은 정몽주가 고려를 지키겠다는 뜻을 꺾을 생각이 없다는 것을 깨달았지. 그리하여 결국 정몽주를 제거한단다.

정몽주가 이방원에게 죽으면서 온건한 개혁을 원하는 신진 사대부들은 힘을 잃었고, 결국 이성계는 왕위에 오르지. 그리고 우리 역사상 최초의 국가인 고조선을 계승한다는 의미로 나라 이름을 조선으로 정했어.

| 조선의 건국 |

❶ ☐☐☐☐☐ 는 원나라의 힘에 의지해서 세력을 얻은 권문세족을 비판했어.

❷ 이성계는 ☐☐☐ 에서 군사를 돌려 개경으로 돌아와 정권을 장악했어.

❸ 이성계는 ☐☐☐ 을 실시하여 권문세족의 땅을 빼앗아 원래 주인에게 돌려주었어.

---

1 (가)에 들어갈 알맞은 인물을 두 명 이상 쓰시오.　　　　(　　　　　　　　　　　　　　)

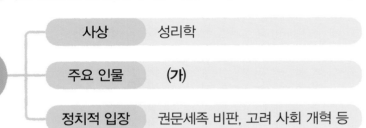

신진 사대부

사상	성리학
주요 인물	(가)
정치적 입장	권문세족 비판, 고려 사회 개혁 등

2 다음 (가)~(다)를 일어난 순서대로 나열하시오.　　　(　　　) → (　　　) → (　　　)

(가)

위화도에서 회군하다.

(나)

권문세족이 불법적으로 소유한 땅을 빼앗자!
과전법을 시행하다.

(다)

이성계가 즉위하다.

3 (가)에 관한 설명으로 옳은 것은?　　　　　　　　　　　　　　　(　　　)

들었는가? 위화도에서 회군한 이성계가 결국 권력을 잡았다는군.

나도 들었네. 조준, 정도전 등의 (가) 세력과 손잡고 개혁을 추진하려 한다는군.

① 서경 천도를 주장하였다.

② 대부분 친원적 성향을 보였다.

③ 성리학을 사상적 기반으로 삼았다.

④ 교정도감을 통해 권력을 행사하였다.

정답 확인

오늘 나의 실력은?　확인

한양은 왜 조선의 수도가 되었을까?

다음 지도를 보고 내가 조선을 건국한 왕이 되었다면 어디를 수도로 정할지 별을 색칠해 보고,
그 이유를 생각해 보자.

대한민국의 수도는 서울이지? 그렇다면 조선의 첫 번째 수도는 어디였을까?
'한양'이라고 대답하는 친구들이 많겠지만, 놀랍게도 한양은 조선의 두 번째 수도란다. 이성계가 고려의 수도였던 개경에서 조선을 건국했기 때문이야.
새로운 나라에 옛 수도는 어울리지 않지? 그래서 조선의 새로운 수도로 한양이 결정된 거야.
한편 한양의 설계자는 정도전이었어. 그가 점을 찍은 곳에 궁이 세워지고 선을 그은 곳은 도로가 되었지.
그럼 한양이 어떻게 수도의 모습을 갖추어 나갔는지 알아보자.

한양을 조선의 새로운 수도로 삼다

이성계가 왕위에 올라 조선을 세운 곳은 개경이었어. 하지만 개경은 오랫동안 고려의 수도였기 때문에 새로운 나라의 수도로 삼기에 적합하지 않았지. 그래서 새로운 수도의 후보지를 찾도록 했어. 대전의 계룡산 부근도 후보에 올랐지만 결국 한양을 새로운 수도로 결정했단다.

한양은 예전부터 풍수지리에서 명당으로 꼽히던 땅의 조건을 가지고 있어서 고려 때부터 남경이라고 불리며 중요하게 여겨졌지. 한반도의 중심에 자리한 한양은 한강을 통해 황해까지 쉽게 연결되고, 한양 가까이 넓은 평야가 있어 농사를 짓기에도 편리했지. 또 사방이 산으로 둘러싸여 외적의 침입을 막기에도 유리했기 때문에 최적의 수도라고 할 수 있었어.

한양은 한반도의 중앙에 있구나!

개경
한양
계룡산

정도전의 붓 끝에서 한양이 설계되다

한양은 계획도시였어. 조선을 세우는 데 일등 공신이었던 정도전은 유교 이념에 따라 한양을 설계하고 도성의 성곽, 궁궐, 성문을 세웠지.

유교 이념으로 건설된 한양

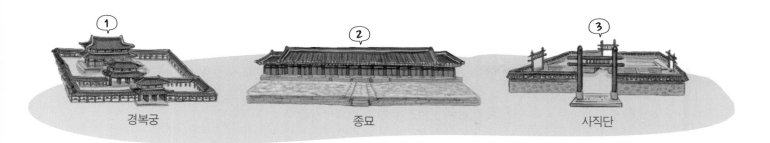

경복궁   종묘   사직단

가장 먼저 자리를 정한 곳은 **경복궁**이야. 경복궁은 왕이 머물며 신하들과 함께 나라를 어떻게 이끌어 나갈지 이야기를 나누었던 으뜸 궁궐이지.

한편, 경복궁보다 먼저 지은 곳이 있는데, 그곳은 경복궁 동쪽의 **종묘**와 서쪽의 **사직단**이란다. 종묘는 왕의 조상들을 모시고 제사를 지내는 곳으로, 나라의 뿌리라고 생각했지. 조선이 조상을 귀하게 모시는 유교 국가였기 때문에 종묘를 먼저 지은 거야. 사직단은 토지의 신인 '사'와 곡식의 신인 '직'에게 제사를 지내는 곳이야. 조선에는 농사를 가장 중요시했기 때문에 농사를 관장하는 토지의 신과 곡식의 신에게 제사를 지내는 사직단을 먼저 지은 것이지.

흥인지문   돈의문   숭례문   숙정문

그리고 정도전은 궁궐과 종묘, 사직을 보호하기 위해 **성곽**을 짓고자 하였어. 정도전의 생각에 따라 동쪽의 낙산, 서쪽의 인왕산, 남쪽의 남산, 북쪽의 백악산을 둘러 성을 쌓았단다. 그리고 사람들이 드나들 수 있도록 문을 만들었지. 정도전은 성문의 이름에도 유교의 가르침을 담았어.

'어질다.'의 '인(仁)'은 동쪽의 흥인지문, '의롭다.'의 '의(義)'는 서쪽의 돈의문, '예의 있다.'의 '예(禮)'는 남쪽의 숭례문, '지혜롭다.'의 '지(智)'는 뜻이 같은 '정(靖)'을 넣어 숙정문으로 지었단다.

▼ 한양 성곽

| 조선의 수도, 한양 |

❶ 개경에서 조선을 건국한 이성계는 [　][　]으로 수도를 옮겼어.

❷ 경복궁 동쪽에는 [　][　]를, 서쪽에는 [　][　][　]을 지었어.

❸ [　][　][　]은 경복궁과 한양 도성 성문의 이름을 지었어.

---

1 다음 보기 에서 한양이 가지고 있는 수도로서의 장점을 모두 골라 기호를 쓰시오.

(　　　　　　)

보기

㉠ 한반도의 남쪽에 치우쳐 있다.

㉡ 한강을 통해 황해까지 쉽게 연결할 수 있다.

㉢ 주변에 산이 없어 적을 공격하기에 유리하다.

㉣ 넓은 평야가 가까이 있어 농사를 짓기에 편리하다.

2 다음은 한양의 도성을 그린 지도이다. ㉠~㉢에 들어갈 알맞은 건물을 각각 쓰시오.

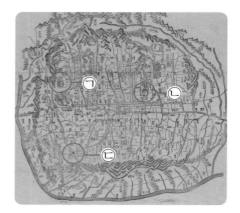

㉠ [　　　] : 토지의 신인 '사'와 곡식의 신인 '직'에 제사를 지내는 곳

㉡ [　　　] : 역대 왕과 왕비의 신주를 모시고 제사를 지내는 곳

㉢ [　　　] : '禮(예)' 자가 들어간 한양 도성 남쪽 문

한국사능력검정시험 기출

3 (가) 인물이 한 일로 옳은 것은? (　　　　　　)

가족
이자춘, 이방원 등

주변 인물
정도전, 최영, 조준, 정몽주

대표 사건
위화도 회군, 조선 건국

관련 이야기
함흥차사 이야기

(가)

① 4군 6진을 개척하였다.

② 수도를 한양으로 옮겼다.

③ 삼정이정청을 설치하였다.

④ 노비안검법을 실시하였다.

정답 확인

오늘 나의 실력은?   확인

😣 😊 🥰

조선은 나라의 기틀을 어떻게 세웠을까?

 다음은 조선 시대의 신분증인 호패이다. 호패에 어떠한 정보가 적혀 있는지 살펴보고, 나만의 호패를 만들어 보자.

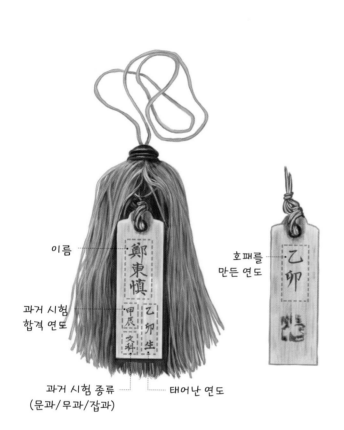

이름

과거 시험 합격 연도

과거 시험 종류 (문과/무과/잡과)

태어난 연도

호패를 만든 연도

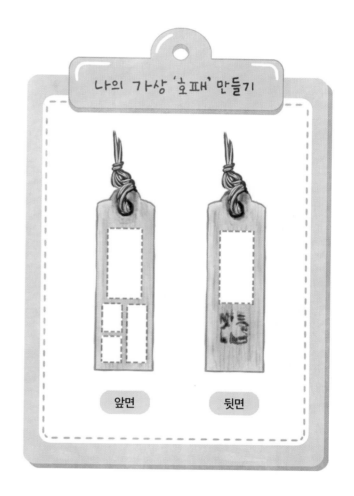

나의 가상 '호패' 만들기

앞면　　　　　뒷면

큰별쌤의 영상

정몽주를 제거한 이성계의 아들 이방원을 기억하지?

이방원은 조선의 세 번째 왕인 태종이란다. 태종 다음 왕이 세종 대왕인데, 세종 대왕 때 우리의 민족 문화를 꽃피울 수 있었던 것도 태종 때 왕권 강화와 제도 정비 등으로 사회를 안정시켰기 때문에 가능한 것이었지.

태종은 지금의 주민 등록증과 비슷한 호패를 차고 다니도록 하는 호패법을 실시했지.

호패법을 실시한 까닭은 인구를 파악하고 세금을 부과하기 위해서였단다.

그럼 조선 전기의 왕들이 어떠한 정책을 펼쳤는지 우리 함께 자세히 알아볼까?

왕자의 난이 일어나다

이성계와 함께 조선을 건국한 정도전을 비롯한 신진 사대부는 유교의 가르침에 따라 나라의 제도를 정비하고 운영해야 한다고 생각했어. 그리고 정도전은 백성의 뜻을 잘 파악하는 현명한 재상이 왕을 보필하며 신하들을 중심으로 나라가 운영되어야 한다고 생각했지.

반면에 이방원은 강력한 왕권을 세우는 것이 중요하다고 생각했어. 생각이 달랐던 정도전은 이방원이 아닌 이방원의 동생을 세자로 추천했지.

재상(후 다스릴 **재**, 相 서로 **상**)
임금을 도와 모든 관원을 지휘하고 감독하는 일을 맡아 보던 높은 벼슬을 말한다.

이방원은 누구보다 조선 건국에 막대한 공을 세웠지만 어머니가 다른 어린 동생에게 세자 자리가 돌아가자 분노했어. 결국 자신의 친형제들과 함께 난을 일으켜 세자 이방석과 정도전을 죽였지. 이 사건을 왕자의 난이라고 해.

결국 이성계는 왕위를 둘째 아들 이방과(정종)에게 물려주었어. 이때 이미 이방원이 모든 권력을 쥐고 있었기 때문에 정종은 3년 만에 이방원에게 왕위를 넘겨주었지. 이렇게 왕위에 오른 이방원이 바로 조선의 3대 왕 태종이란다.

왕권을 강화한 태종

왕위에 오른 태종은 국왕 중심의 정치를 펼치며 왕권을 강화하기 위해 제도를 마련했지. 우선 신하들이 사사로이 가지고 있던 군대인 **사병을 없애 나라의 군사권을 장악**했어. 그리고 호적을 조사하고 16세 이상의 모든 남자에게 호패를 차게 했어. 호패는 일종의 신분 증명서로, 지금의 주민 등록증과 비슷하단다. 이름, 태어난 해, 직업, 사는 곳 등이 적혀 있었지.

호적을 조사하고 호패를 차고 다니게 한 것은 인구를 정확히 파악하고 세금을 철저히 거두기 위해서였지. 이러한 태종의 노력으로 조선은 **나라의 기틀을 마련**할 수 있었고, 왕권이 강화되었단다.

나라의 기틀을 확립하다

태종의 뒤를 이은 세종은 태종이 이룩한 안정된 왕권을 바탕으로 이상적인 유교 정치를 실현하고자 했어.

▲ 세종 때 집현전으로 사용되던 경복궁 수정전

세종은 집현전을 설치해 우수한 학자들을 키워 학문 연구와 정책 결정에 참여하도록 했어. 그리고 왕과 신하들이 함께 정책과 학문을 토론하는 경연을 열었다.

세종의 맏아들인 문종은 오랜 기간 세자로서 세종을 보필하며 세종의 정책을 지원했어. 하지만 몸이 약해서 왕위에 오른 지 얼마 되지 않아 죽고 말았어. 이에 11세의 어린 단종이 문종의 뒤를 이었지만, 수양 대군은 조카인 단종을 몰아내고 스스로 왕위에 올랐지. 그가 바로 세조란다.

이제 다시 왕권을 강력하게 바꾸겠어!

세조는 다시 왕 중심의 정치를 펼치고자 했어. 그래서 집현전과 경연을 없앴지. 그리고 세조는 현직 관리에게만 토지를 지급하는 직전법을 실시했어. 한편 조선의 기본 법전인『경국대전』편찬을 시작한단다.

세조를 이어 예종이 왕위에 올랐지만 1년여 만에 죽고, 그 뒤를 이어 성종이 즉위했어.

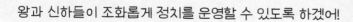

왕과 신하들이 조화롭게 정치를 운영할 수 있도록 하겠어!

성종은 세조 때 폐지된 집현전을 계승하여 홍문관을 만들었지. 홍문관은 왕실의 서적을 관리하고 왕의 정치에 자문을 하는 역할을 담당했어. 그리고 성종은 경연을 다시 활성화했지. 한편 성종 때『경국대전』을 완성하여 반포한단다. 이로써 조선은 유교를 중심으로 나라를 다스리기 위한 통치 제도와 법체계를 완성하게 된 것이지.

유교적 이상 정치를 펼쳤어.

세종

아버지를 잘 보필하였지.

문종

숙부에게 왕위를 뺏겼지.

단종

국왕에게 권력을 집중하였어.

세조

재위 13개월 만에 죽었어.

예종

『경국대전』을 완성하였지.

성종

| 나라의 기틀 확립 |

❶ 태종은 16세 이상 모든 남자에게 일종의 신분증을 차도록 하는 ☐☐☐ 을 시행했어.

❷ 세종은 학문 연구 기관으로 ☐☐☐ 을 설치했어.

❸ 성종 때 조선의 기본 법전인 『☐☐☐☐』이 완성되었어.

1 다음 (가)와 (나)에 들어갈 조선의 왕을 각각 쓰시오.   (가): (   ), (나): (   )

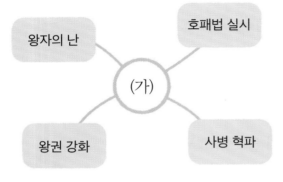

왕자의 난
호패법 실시
(가)
왕권 강화
사병 혁파

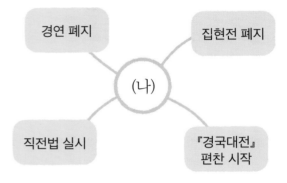

경연 폐지
집현전 폐지
(나)
직전법 실시
『경국대전』 편찬 시작

2 ㉠에 들어갈 알맞은 말을 쓰시오.   (   )

성종은 집현전을 계승한 [㉠] 을 설치하여 왕실의 서적을 관리하고 정책을 연구하여 왕이 정치하는 데 도움을 주는 기관으로 삼았다.

한국사능력검정시험 기출

3 선생님의 질문에 대한 학생의 대답으로 옳은 것은?   (   )

조선 태종이 왕권 강화를 위해 실시한 정책을 알아볼까요?

① 균역법을 시행했어요.

② 『경국대전』을 완성했어요.

③ 수원 화성을 건설했어요.

④ 왕족과 공신들의 사병을 없앴어요.

정답 확인   오늘 나의 실력은? | 확인

조선은 제도를 어떻게 마련해 나갔을까?

다음 지도는 조선 시대의 지방 행정 구역이다. 초성 힌트를 보고, 낱말 카드 에서 각 지역의 이름을 골라 써 보자.

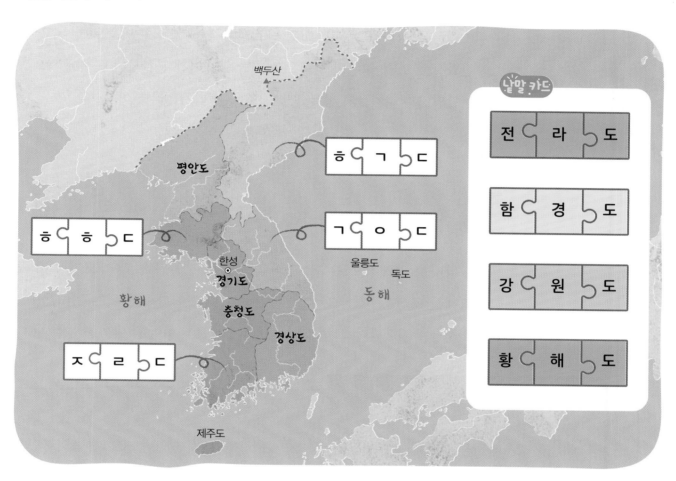

오늘날 우리나라는 북한 지역을 제외하면 경기도, 강원도, 충청남도, 충청북도, 전라남도, 전라북도, 경상남도, 경상북도 8곳의 도로 이루어져 있단다. 조선 시대의 행정 구역과 비교했을 때 남도와 북도로 나뉜 것 외에는 이름이 같지?

조선 시대 초기에 정한 행정 구역은 오늘날 우리가 사용하는 행정 구역의 뿌리가 되었단다. 조선 시대에는 나라를 효과적으로 다스리기 위해 전국을 8도로 나누었어.

이처럼 조선은 여러 제도의 정비를 통해 통치 기반을 마련하였지.

그럼 조선이 어떠한 제도를 만들고 운영했는지 우리 함께 자세히 알아볼까?

통치 체제를 정비하다

▲ 조선의 8도

조선은 유교 이념을 바탕으로 통치 체제를 정비하였어. 유교에서는 왕의 권력과 신하의 권력이 서로 잘 어우러져야 한다고 보았어. 그래서 조선은 나랏일을 담당하는 최고 기구인 의정부를 만들고, 그 아래 6조를 두었지. 나라의 중요한 일은 왕을 중심으로 의정부와 6조의 우두머리가 의논해 결정했단다.

태종은 나라를 효과적으로 다스리기 위해 전국을 8도로 나누고 각 도에 관찰사를 보냈어. 왕의 명령으로 지방에 내려간 관찰사는 곳곳에 왕의 명령이 전달되고 지켜지는지 감독하고, 지역을 잘 다스려야 했어.

통일된 법전을 마련하다

나라를 체계적으로 다스리기 위해서는 통일된 법과 제도가 필요하겠지? 그래서 조선은 『경국대전』을 편찬하여 나라를 다스리는 기준을 만들고 사회 질서를 유지했단다. 그럼 『경국대전』에 어떤 내용이 담겨 있는지 살펴보자!

경국대전에 나타난 조선 사람들의 생활 모습

『경국대전』은 성종 때 완성된 조선의 기본 법전으로, 중앙의 6조 체제에 맞춰 6개의 법전으로 이루어져 있다. 『경국대전』의 내용을 통해 당시 사람들의 생활 모습을 살펴보자.

남자는 15세, 여자는 14세에 혼인할 수 있다. 13세가 되면 혼인을 정할 수 있다.

부모가 불치의 병이 있거나 70세 이상이면 아들 1명의 군역을 면제한다.

여름에 왕실 가족, 퇴직 관료, 활인서의 환자, 의금부의 죄수에게 얼음을 내준다.

땅이나 가옥을 사고판 후, 100일 이내에 관아에 신고해서 증서를 받아야 한다.

학교를 세우고 관리를 선발하다

조선은 유교 이념에 따라 세운 나라란다. 그래서 유학 교육을 중요하게 생각하고, 한양과 지방에 교육 기관을 설치했지.

오늘날의 초등학교와 같은 곳으로는 서당이 있어. 그리고 중등 교육 기관으로 한양에는 4부 학당을 세우고 지방에는 향교를 두었지. 수도인 한양에는 오늘날 국립 대학이라고 할 수 있는 성균관을 세웠어.

관리가 되기 위해서는 과거에 합격해야 하는데, 고려 때와 마찬가지로 양인이면 과거를 볼 수 있었어. 하지만 날마다 부지런히 일을 해야 먹고살 수 있던 일반 백성에게 과거 공부는 사실상 불가능한 일이었어. 그래서 교육과 과거는 주로 양반을 대상으로 이루어졌단다.

한편 조선의 과거 시험에는 문과, 무과, 잡과가 있었어.

문과(문관 선발)　　　무과(무관 선발)　　　잡과(기술관 선발)

문과는 유학 경전에 관한 지식이나 문장을 짓는 능력을 평가했단다. 문과의 1차 시험인 소과에 합격하면 3년에 한 번 치러지는 대과를 볼 수 있었어. 대과에서는 전국에서 딱 33명을 뽑았지. 그중에서 1등을 '장원 급제'라고 했단다. 소과에 합격하면 한양에 있는 조선 최고의 교육 기관인 성균관에 입학할 수 있었어. 성균관에서 열심히 공부해서 대과에 합격하면 성적에 따라 관직을 받았지.

무관을 뽑는 무과는 활쏘기나 말타기 등을 평가했고, 잡과는 의학, 법률, 역법 등과 관련한 기술관을 뽑는 시험이었단다.

▼「삼일유가도」
과거에서 장원 급제한 사람이 3일 동안 거리를 돌아다니며 행진하는 장면이다.

| 조선의 제도 정비 |

정리해 보자!

❶ 조선은 나랏일을 담당하는 최고 중앙 기구로 [ ][ ][ ]를 설치했어.

❷ 조선은 전국을 8도로 나누고 각 도에 [ ][ ][ ]를 파견하여 관리·감독하게 했어.

❸ 조선의 과거 시험에는 문과, [ ][ ], 잡과가 있었어.

---

1 다음에서 글자를 조합하여 조선 시대의 8곳의 도를 찾아 쓰시오.

(   )

도	경	황	도	안	상	시	도	전	제	경
세	도	시	원	울	라	충	기	주	강	도
도	평	서	도	인	경	천	도	함	해	청

---

2 다음 사람이 치러야 하는 과거 시험을 낱말 카드에서 골라 쓰시오.

(무과)   (잡과)   (문과의 소과)   (문과의 대과)

(1) 미래: 사람을 고치는 의관이 되어야지!   (   )

(2) 하루: 성균관에서 공부한 지 4년, 이번 과거에서 장원 급제를 노려야지!   (   )

(3) 태성: 아버지의 뒤를 이어 조선의 무관이 되려면 이번 과거에 합격해야 해.(   )

한국사능력검정시험 기출

3 (가)에 들어갈 내용으로 옳은 것은?   (   )

세조 때 만들기 시작하여 성종 때 완성된 조선의 기본 법전입니다. 이것은 무엇일까요?

한국사 퀴즈 대회

(가)

① 경국대전
② 대전통편
③ 대전회통
④ 조선경국전

2. 조선의 성립과 발전

조선 전기에는 다른 나라와 어떻게 지냈을까?

 다음 지도에는 조선 초기에 넓힌 영토가 포함되어 있다. 넓힌 부분을 색칠해 보고, 오늘날의 국경선과 비교해 보자.

조선 초기에 넓힌 영토를 잘 색칠해 보았지?

조선의 북쪽에는 여진이라는 나라가 있었어. 태조 때는 여진족과 가깝게 지냈는데, 식량 등이 필요하다며 여진족이 자꾸 조선을 약탈한 거야. 그러자 세종이 여진을 몰아내고 4군과 6진을 설치하였지.

넓힌 영토를 색칠하고 보니 우리가 아는 한반도의 국경선과 비슷하지? 세종 때 4군 6진의 개척으로 오늘날과 같은 국경선을 갖게 된 것이란다.

조선은 건국 후 주변 나라들과 어떻게 외교 관계를 맺었는지 우리 함께 자세히 알아볼까?

'사대교린'의 외교 원칙을 세우다

조선은 건국 후 주변 나라들과 평화롭게 지내기 위해 노력했단다. 그래서 조선은 '사대교린'을 외교의 원칙으로 삼았지. '사대'는 큰 나라를 섬긴다는 뜻이고, '교린'은 이웃 나라와 교류하며 가깝게 지낸다는 의미야. 조선은 명나라와는 사대 관계를, 여진과 일본에 대해서는 교린 관계를 맺었단다.

명과의 사대 관계

조선과 명나라는 태조 때 요동 정벌을 추진하여 갈등을 빚기도 했지만, 태종 이후에는 안정적인 관계를 유지했단다.

조선의 안정을 위해서 명나라와 친하게 지내야겠군.

태종

당시 사대는 외교의 한 방법이었어. 조선과 명의 사대 관계는 명나라에서 조선 왕을 '책봉'하고, 조선이 명나라에 '조공'하는 방법으로 이루어졌지. 책봉은 명나라에서 조선의 국왕을 인정해 준다는 의미이고, 조공은 그 대가로 조선에서 사신을 보내 공물을 바치는 일이지.

조선은 해마다 명나라에 인삼 등 토산품을 조공으로 보내고, 명나라로부터 서적이나 약재, 도자기 등을 받아 왔어. 이것은 조선과 명 사이의 공식적인 무역이었던 셈이지. 사신의 왕래를 통해 경제적인 교역과 함께 새로운 문물을 받아들일 수 있었단다. 조선은 이러한 교류로 정치적인 안정을 꾀하고 경제적인 이익을 추구하였지.

명나라는 오히려 조선이 명에 사신을 보내는 횟수를 줄이기를 바랐다던데요?

'사대 관계'라고 하면 작은 나라가 큰 나라에 항복하고 공물을 바치기만 하는 것으로 생각할 수 있지. 하지만 사실은 조선이 명나라에 조공으로 바치는 물건보다 더 많은 물건을 명나라 황제가 조선에 돌려주어야 했단다. 그래서 명나라는 조선이 사신을 보내는 횟수를 줄였으면 했다고 해.

여진과의 교린 관계

조선은 초기에 여진과 좋은 관계를 유지했어. 하지만 여진족이 자꾸 국경을 넘어오고 조선의 백성을 괴롭히면서 충돌이 일어나기도 했지.

우리 백성을 괴롭히다니, 여진을 강력하게 혼내 주어야겠다!

세종

세종은 먼저 평안도 지역에 **최윤덕**을 보내 여진족을 몰아내고 압록강 유역의 **4군**에 성을 쌓았어. 또 함경도 지역에는 **김종서**를 보내 여진을 몰아내고 두만강 유역에 **6진**을 설치한단다. 이후 조선의 백성을 이곳으로 옮겨 살게 해 다시는 여진이 이 땅을 넘보지 못하게 했어. 4군 6진 개척으로 오늘날과 같은 국경선이 완성된 것이란다.

▲ 4군 6진

일본과의 교린 관계

조선은 일본과 교린 관계를 유지했어. 그런데 왜구가 바다를 건너 침략해 와 재물을 빼앗고 백성을 노예로 잡아갔어. 왜구는 고려 말부터 우리나라 해안에 나타나 약탈을 해 오던 일본의 해적이란다.

왜구의 약탈이 이어지자 세종은 **이종무**를 시켜 230여 척의 전함과 1만 7천여 명의 대군을 이끌고 왜구의 소굴인 **쓰시마섬(대마도)**을 공격하게 했어. 이종무가 이끄는 조선군은 크게 이겼고, 쓰시마섬의 왜구들은 다시는 조선을 약탈하지 않겠다고 약속했지. 세종은 우리나라 남쪽의 세 개 항구를 열어 주고 일본인의 무역을 허용해 주었단다.

조선에 다시는 약탈하러 오지 않겠다고 약속해라!

| 조선 전기의 대외 관계 |

❶ 조선은 외교적으로 명과는 ☐☐ 관계를, 여진 및 일본과는 ☐☐ 관계를 유지했어.

❷ 세종은 최윤덕과 김종서를 파견하여 여진을 정벌하고 ☐☐☐☐ 을 개척했어.

❸ 조선 세종 때 이종무를 보내 ☐☐☐ 섬을 정벌했어.

---

1 다음과 같은 조선 전기의 외교 관계를 가리키는 말을 빈칸에 쓰시오.

(1)

조선은 명나라와
☐ 관계를 맺었다.

(2)

조선은 여진, 일본과
☐ 관계를 맺었다.

2 다음 인물과 관련 있는 것을 선으로 바르게 이으시오.

(1) 최윤덕

(2) 이종무

(3) 김종서

•

•

•

•

•

•

㉠ 4군

㉡ 6진

㉢ 쓰시마섬

한국사능력검정시험 기출

3 (가)에 들어갈 제목으로 적절한 것은?　　　　　(　　　)

제○○호　　　**역사 신문**　　　14○○년 ○○월 ○○일

((가))

국경 지대에 여진족의 침입이 잦아짐에 따라 정부는 최윤덕과 김종서 등을 보내 이를 정벌하였다. 그 결과 조선의 영토는 압록강과 두만강까지 넓어졌다.

① 청해진을 설치하다
② 4군 6진을 개척하다
③ 강동 6주를 획득하다
④ 요동 지방에 진출하다

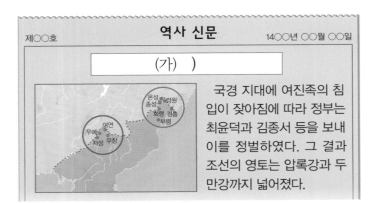

사림은 어떻게 성장해 나갔을까?

 다음 한국사 사전에서 설명하고 있는 것은 무엇인지 초성 힌트를 보고 □□ 안에 들어갈 말을 써 보자.

한국사 사전

ㅅ ㅇ 은 '글(書)을 읽고 공부를 하는 집(院)'이라는 뜻으로,

조선 시대에 선비들이 모여 유학을 공부하던 곳입니다.

이곳에서는 본받을 만한 옛 유학자들의 제사를 지내고,

지방 양반 자제들을 모아 유학을 가르쳤습니다.

최초의 이곳은 주세붕이 세운

백운동 ㅅ ㅇ 입니다.

정답: □□

지금도 학생들을 교육하는 학교가 있지?

조선 시대에도 학교와 비슷한 교육 기관이 있었단다.

그중에 서원은 사립 교육 기관이었지. 서원은 선비들이 모여서 공부하고, 본받을 만한 옛 유학자의 제사를 지내는 곳이었어.

서원에서는 조선 중기 이후 정치를 주도한 '사림'이 학문을 연구하고, 제자들을 길러 냈단다. 그럼 사림들이 언제, 어떻게 중앙에까지 진출할 힘을 얻게 되는지 우리 함께 자세히 알아보자.

훈구와 사림이 대립하다

조선을 세울 때 도운 신진 사대부들, 왕자의 난 때 태종 이방원을 도왔던 신하들, 그리고 조카 단종을 물러나게 하고 세조가 왕위에 오를 때 도왔던 신하들, 이들을 공신이라고 해. 그리고 이 공신들과 그 가문들을 훈구라고 하지. 이들은 시간이 지나 힘을 키우면서 왕권까지 제약했단다.

한편 사림은 조선이 세워질 때 고려 왕조에 의리를 지키기 위해 정치에 참여하지 않고 지방으로 내려갔던 신진 사대부들의 제자야. 사림들은 고려 말의 정몽주, 길재 등과 같이 온건한 개혁을 주장했던 신진 사대부들의 학문을 이어 가고, 도덕과 의리를 중요하게 생각했지.

성종은 왕이 된 후 힘이 커진 훈구 세력을 견제하기 위해 김종직을 비롯한 사림 세력을 많이 뽑았어. 이들은 주로 관리들이 나랏일을 부정하게 처리하는지 감시하는 일을 하며 훈구 세력을 비판했지. 훈구는 자신들을 비판하는 사림을 눈엣가시처럼 여겼지. 이에 훈구와 사림은 서로 대립하게 되었단다.

공신(功 공로 **공**, 臣 신하 **신**)
나라를 위하여 특별한 공을 세운 신하를 말한다.

훈구(勳 공 **훈**, 舊 오래 **구**)
대대로 나라나 왕을 위하여 세운 공로가 있는 가문이나 신하를 말한다.

사화, 사림이 화를 입다

성종의 뒤를 이은 연산군은 강력한 왕권을 회복하고 싶어 했어.

왕인 나에게도 바른말을 하는 사림이 불편하구나!

선대왕이신 세조를 욕보인 것들을 다 없애 주겠다!

사림들이 화를 당하겠군!

이제 우리에게 피바람이 불겠구나!

훈구 세력은 연산군이 이러한 생각을 하는 틈을 놓치지 않고 연산군에게 사림을 모함하였고, 사림이 화를 입은 사건인 사화가 일어나지.

무오사화 그 첫 번째는 무오사화야. 훈구파는 김종직이라는 사림이 살아 있을 때 연산군의 증조할아버지인 세조를 비난한 글인 「조의제문」을 썼다고 주장했고, 연산군도 훈구파의 손을 들어 주면서 많은 사림이 죽었어. 이 사건이 무오년에 일어났기 때문에 무오사화라고 한단다.

| 갑자사화 | 연산군 때 한 번의 사화가 더 일어난단다. 자신의 어머니가 억울하게 죽었다고 생각한 **연산군이 어머니의 죽음에 관련된 인물을 죽이면서 많은 사림이 피해를 입었지**. 이 사건을 갑자사화라고 해. 이후 연산군은 왕위에서 쫓겨나고 연산군의 이복동생인 중종이 왕위에 올랐단다. |

| 기묘사화 | 중종은 훈구 세력이 또다시 막강한 힘을 갖게 되자, 이들을 견제하기 위해 사림을 등용했어. 이때 진출한 사림인 조광조는 강력한 개혁을 펼쳐 갔고, 그는 공신들의 권한을 줄이려고 힘썼어. |

훈구 세력은 이러한 조광조를 미워했고, 중종 역시 조광조가 너무 급하게 개혁을 추진하는 것에 부담을 느끼기도 했지. 훈구 세력은 이러한 중종의 마음을 알아채고 조광조와 그를 따르던 사림들을 쫓아냈단다. 이것이 바로 기묘사화야.

| 을사사화 | 마지막 사화는 중종 아들인 명종 대에 일어났어. 명종의 어머니와 외삼촌이 그들의 반대파들을 없앤 을사사화이지. |

서원

사림은 사화로 큰 피해를 입어 중앙 정계에서 물러났지만 그들이 머물던 지방의 향촌을 바탕으로 다시 세력을 키워 나갔어. 사림들은 지방에 서원을 세웠지. 조선 최초의 서원은 중종 때 주세붕이 세운 백운동 서원으로, 나중에 소수 서원이라는 이름을 받았지. 서원에서는 이름 높은 유학자의 사당을 만들어 제사를 지내고, 향촌 양반의 자제들을 교육했단다.

붕당이 형성되다

사림 세력은 사화로 큰 피해를 입었지만 선조 때 다시 힘을 키운단다. 조정에 많은 사림이 진출하자 사림은 학문과 정치적 입장에 따라 나뉘었는데, 이를 **붕당**이라고 해. 붕당은 **이조 전랑**이라는 관직에 누구를 임명하느냐를 두고 나뉘었어. 이조 전랑은 아주 높은 벼슬은 아니었지만 하급 관리를 임명하는 중요한 자리였거든. 이때 한양 동쪽에 살고 있던 김효원을 지지하는 세력을 동인, 서쪽에 살고 있던 심의겸을 지지하는 세력을 서인이라고 했단다.

| 사림과 사화, 붕당의 형성 |

정리해 보자!

❶ 조선 전기 훈구와 사림의 대립으로 [ ][ ]가 일어나 사림 세력이 피해를 입었어.

❷ 사림은 향촌에 [ ][ ]을 세워 이름 높은 유학자의 제사를 지내고 양반 자제를 교육했어.

❸ 이조 전랑 임명 문제로 사림은 [ ][ ]과 [ ][ ]으로 나뉘었어.

---

1 다음 (보기)에서 사림이 <u>아닌</u> 것으로 보이는 사람을 골라 기호를 쓰시오. (   )

보기

㉠ 나의 스승님은 「조의제문」을 쓰신 김종직 선생님이셔.

㉡ 나는 조선 건국 때 지방으로 내려오신 길재 선생님을 스승으로 모셨어.

㉢ 나는 성종 임금님 때 등용되어 3사에서 일하면서 훈구 세력의 비리를 비판했지.

㉣ 우리 할아버지께서 세조 임금님이 왕위에 오를 때 공을 세우셔서 우리 집안은 공신 집안이 되었지.

---

2 다음 사화들을 일어난 순서대로 나열하시오.

(   ) → (   ) → (   ) → (   )

(가) 갑자사화   (나) 기묘사화   (다) 무오사화   (라) 을사사화

한국사능력검정시험 기출

3 밑줄 그은 '이것'에 관한 설명으로 옳은 것은? (   )

① 의학 교육을 관장하였다.

② 중앙에서 훈도가 파견되었다.

③ 선현의 제사와 성리학 교육을 담당하였다.

④ 유학부와 기술학부를 편성하여 교육하였다.

정답 확인

오늘 나의 실력은?   확인

도전! 한국사능력검정시험

고려의 뒤를 이어 새로운 나라 조선이 건국되었단다.

조선의 건국 과정과 통치 체제 정비, 성리학적 질서 확립 등을 정리해 보자!

조선의 건국

조선의 건국 과정	*위화도 회군 (1388년) → 과전법 실시 (1391년) → *조선 건국 (1392년) → 한양 천도 (1394년)

국가 기틀 마련	태조 조선 건국, 한양 천도	태종 왕권 강화, 호패법 실시	세종 왕권·신권 조화, 집현전 설치	세조 왕권 강화, 직전법 실시	성종 *『경국대전』 완성, 유교 정치 확립

통치 체제 정비

중앙 정치 제도	지방 행정 제도	교육 제도	관리 선발 제도
• 의정부: 최고 통치 기관 • 6조: 나라의 주요 업무를 나누어 집행함. • 3사: 권력의 독점을 감시함.	• 전국을 8도로 나눔. • 각 도에 관찰사를 파견함.	• 초등 교육 기관: 서당 • 중등 교육 기관: 지방의 향교, 중앙의 4부 학당 • 성균관: 조선 최고의 교육 기관	• *과거 제도: 원칙적으로는 양인이면 누구나 응시할 수 있음(문과, 무과, 잡과). • 음서나 천거도 있음.

조선 전기의 대외 관계

사대 관계
• 명에 대한 외교 정책 • 조공과 책봉의 형식으로 이루어짐.

교린 관계
• 여진과 일본에 대한 외교 정책 • 여진 – 4군 6진 개척, 일본 – 쓰시마섬 토벌

성리학적 질서

*사림	고려 말 조선 건국에 참여하지 않고 지방에서 학문 연구와 교육에 힘쓴 신진 사대부의 제자들을 말함.
훈구	조선 전기 지배 세력으로 조선 건국에 참여한 신진 사대부들, 태종과 세조를 도왔던 공신과 외척 세력들을 말함.

서원	• 사림 세력이 덕망 높은 유학자를 기리고 지방 양반 자제를 교육하기 위해 설립한 곳임. • 향촌에서 정치 여론을 형성함.
붕당	• 특정한 학문적·정치적 입장을 함께하는 사림이 모여 만든 정치 집단임. • 이조 전랑 임명 문제로 동인, 서인으로 나뉨.

1 다음 인물 카드 주인공의 업적으로 옳은 것은?
( )

〈앞면〉

● 황산에서 왜구를 물리침.

● 위화도 회군으로 정권을 잡음.

● 조선을 건국함.

〈뒷면〉

① 직전법을 실시하였다.
② 훈민정음을 창제하였다.
③ 경국대전을 완성하였다.
④ 수도를 한양으로 옮겼다.

2 다음 학생이 생각하고 있는 인물로 옳은 것은?
( )

한양 도성을 설계하였어.

『조선경국전』을 편찬하였어.

왕자의 난 때 이방원에게 죽임을 당하였어.

① 김부식　　② 정도전
③ 정몽주　　④ 조광조

3 (가)에 들어갈 문화유산으로 옳은 것은?
( )

서울을 거닐며 조선을 만나다

북악산　숙정문
성균관
경복궁　창덕궁　흥인지문
사직단　종묘
청계천
명동 성당
숭례문　남산

• 다음 설명에 해당하는 문화유산 스탬프를 찍으세요.

첫 번째	두 번째	세 번째
근정전, 강녕전 등이 있는 조선의 궁궐	역대 왕과 왕비의 신주를 모신 곳	땅의 신과 곡식의 신에게 제사를 지내던 곳
경복궁	종묘	(가)

①
숭례문

②
사직단

③
성균관

④
명동 성당

4 (가)에 들어갈 문화유산으로 옳은 것은?

(   )

이곳은 조선 시대 역대 왕과 왕비의 신주를 모신 사당입니다.

(가)

① 종묘
② 경복궁
③ 보신각
④ 사직단

6 (가)에 들어갈 기관으로 옳은 것은?

(   )

검색어 ▼	(가)	▼ 검색

| 백과사전 | 디렉토리 | 지역정보 | 웹문서 | 이미지 | 지식 | 책 |

한국사 백과 사전 (1~15/145건) 유사도순 ▼ | 조회순 ▼ | 등록일순 ▼

 – 세종 때 확대 개편됨.
 – 학문 연구를 담당함.
 – 정인지, 성삼문 등이 활약함.
 – 세조 때 폐지됨.

① 집현전
② 홍문관
③ 성균관
④ 의정부

5 다음 가상 대화에 등장하는 조선 시대 왕의 업적으로 옳은 것은?

(   )

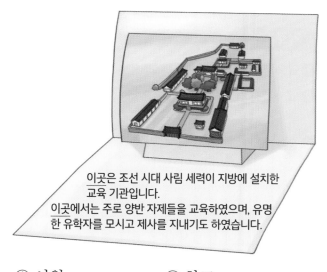

전하, 분부하신 대로 16세 이상의 모든 남자에게 신분증으로 호패를 차도록 하였습니다.

수고하였소. 빠른 시일 내에 보급되도록 힘써 주시오.

① 홍문관을 만들었다.
② 경국대전을 완성하였다.
③ 집현전과 경연을 없앴다.
④ 왕족과 공신들의 사병을 없앴다.

7 밑줄 그은 '이곳'으로 옳은 것은? (   )

이곳은 조선 시대 사림 세력이 지방에 설치한 교육 기관입니다.
이곳에서는 주로 양반 자제들을 교육하였으며, 유명한 유학자를 모시고 제사를 지내기도 하였습니다.

① 서원
② 향교
③ 성균관
④ 4부 학당

다음은 한국사능력검정시험에 자주 출제되는 핵심 낱말을 뽑아 구성한
가로세로 퍼즐이다. 공부한 내용을 떠올리며 퍼즐을 완성해 보자.

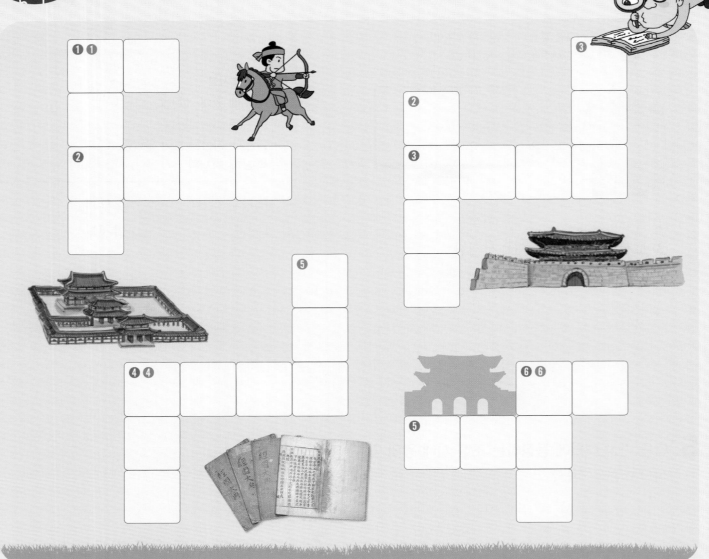

가로 열쇠

❶ 조선 시대 무관을 뽑는 과거 시험이다.

❷ 조선 전기의 외교 정책으로, ○○○○ 정책이라고
한다.

❸ 연산군과 훈구 세력이 김종직의 「○○○○」을 문제
삼아 무오사화를 일으켰다.

❹ 조선의 기본 법전으로, 성종 때 완성하였다.

❺ 사림 세력의 주요 인물로, 성종 때 자신의 제자들을
관직에 많이 등용시켰다.

❻ 조선 건국에 참여하지 않고 지방에서 학문 연구와
교육에 힘쓴 신진 사대부의 제자들이다.

세로 열쇠

❶ 연산군 집권 시기에 처음 일어난 사화이다.

❷ 사림 세력 간의 대립은 ○○ ○○ 임명 문제를 둘러
싸고 더욱 심화하였다.

❸ 한양의 사대문 중 남쪽에 있는 문이다.

❹ 조선 시대 왕이 머물며 신하들과 함께 나라를 어떻
게 이끌어 나갈지 의논한 으뜸 궁궐이다.

❺ 조선의 설계자로 평가받는 사람으로, 재상 중심의
나라를 주장하였다.

❻ 조선 시대 토지의 신(사)과 곡식의 신(직)에게 제사
를 지내던 곳이다.

세종은 누구를 위해
훈민정음을 만들었을까?

 다음은 우리나라 위인을 나타낸 카드이다. 초성 힌트를 보고, 위인 카드의 주인공이 누구인지 써 보자.

카드 앞면

카드 뒷면

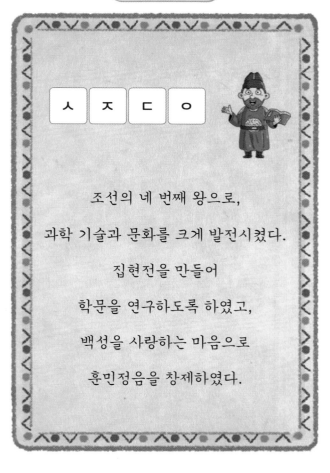

ㅅ ㅈ ㄷ ㅇ

조선의 네 번째 왕으로,

과학 기술과 문화를 크게 발전시켰다.

집현전을 만들어

학문을 연구하도록 하였고,

백성을 사랑하는 마음으로

훈민정음을 창제하였다.

우리 고유의 글자인 한글을 창제한 사람이 누군지 알고 있니? 바로 만 원짜리 지폐에서도 볼 수 있는 세종 대왕이란다.

세종은 왜 훈민정음을 만들었을까?

세계에 많은 글자가 있지만 누가, 왜, 어떻게 만들었는지 정확히 알 수 있는 글자는 찾아 보기가 어렵지. 그런데 훈민정음은 만든 이유가 기록된 책이 있거든. 그 책을 보고 세종이 왜 훈민정음을 만들었는지, 어떻게 만들었는지를 알 수 있단다.

세종이 한글을 왜, 어떻게 만들었는지 자세히 알아보자. 아마 한글이 다르게 보일 거란다.

지혜로운 학자들이 모인 집, 집현전

세종은 조선의 네 번째 왕이란다. 조선 건국 직후 어지러웠던 나라가 어느 정도 안정을 되찾자, 세종은 나라의 과학 기술과 문화를 크게 발전시켜야겠다고 생각했지. 세종은 경복궁 안에 집현전을 만들고 유능한 학자들을 모아 그들이 마음껏 학문을 연구하도록 했어. 그리고 세종은 그들과 함께 토론을 거쳐 나라의 제도를 정비하고 정책에 반영했지.

집현전에서는 세종 때의 다양한 도서들을 편찬하기도 했어. 그중 대표적인 책이 『훈민정음』 해례본이야. 『훈민정음』 해례본은 훈민정음 창제 이유와 해설, 예시를 담고 있는 책이지. 그럼 해례본과 기록을 통해 훈민정음에 관해 알아볼까?

(우리)나라의 말씀이 중국과 달라 서로 통하지 않는다. 이런 이유로, 백성이 말하고자 하는 바가 있어도 마침내 제 뜻을 펴지 못하는 사람이 많다. 내 이를 가엾게 여겨 새로 스물여덟 글자를 만드니 모든 사람이 쉽게 익혀 날마다 씀에 편안하게 할 따름이니라.
— 『훈민정음』 해례본

▲ 『훈민정음』 해례본에서 훈민정음을 창제한 이유를 설명하고 있다.

세종, 백성을 가르치는 바른 소리를 전하다

훈민정음은 '백성을 가르치는 바른 소리'라는 뜻으로, 세종이 새로운 문자를 만들어 지은 이름이야.

중국의 글자인 한자는 뜻을 나타내는 글자라서 한자로 자신의 생각을 자유롭게 표현하려면 엄청나게 많은 글자를 외워야 해. 그리고 한자를 빌려서 우리말을 풀어 쓰는 이두도 있었는데, 이두 역시 한자를 모르면 쓰기가 어려웠지.

양반들은 한자를 배우고 쓸 수 있었지만 하루하루 열심히 일을 해야 먹고 살 수 있었던 백성은 한자를 배우기 어려웠어. 그래서 세종은 우리말을 소리 나는 대로 쉽게 쓰는 소리글자인 훈민정음을 만든 것이란다. 훈민정음은 백성을 위한 글자가 필요하다고 생각한 세종이 직접 만들어, 쉽고 독창적인 글자라고 할 수 있지.

훈민정음의 창제와 반포가 쉽게 이루어지지는 않았어. 글자를 만든다는 것에 대한 신하들의 반대가 엄청 거세서 세종은 오랜 기간 신하들 모르게 글자를 만들었지. 당시 양반들은 새로운 글자를 만드는 것이 중국에 대한 사대에 어긋난다고 생각한 거야.

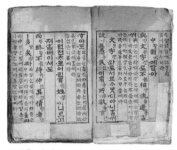

▲ 『훈민정음』 언해본
훈민정음은 발음 기관의 모양을 본뜬 자음과 하늘(•), 땅(ㅡ), 사람(ㅣ)을 본뜬 모음을 기본으로 만들었다.

고유 문자를 만드는 것은 오랑캐나 하는 것입니다.

한국어와 언어를 충분히 공부하지도 않으면서 그러한 손쉬운 주장은 하지도 마시오!

편찬 사업

세종은 훈민정음으로 『용비어천가』를 지어 조선 건국의 정당성을 강조하였단다. 그리고 훈민정음으로 여러 분야의 책을 편찬하여 국가의 정책을 쉽게 알리는 데 활용하였지. 또한 각종 윤리서를 번역하기도 하였단다.

하지만 세종은 이런 반대를 무릅쓰고 훈민정음을 반포했어. 처음에는 상민이나 여자들만 한글을 사용했지만 배우기 쉽고, 읽고 쓰기 쉬운 한글은 점차 널리 쓰였단다.

| 훈민정음 창제와 편찬 사업 |

❶ 세종은 백성이 쉽게 글자를 배울 수 있도록 ☐☐☐☐ 을 만들었어.

❷ 『훈민정음』 ☐☐☐ 은 훈민정음 창제 이유와 해설, 예시를 담고 있어.

❸ 세종은 훈민정음으로 선조들의 행적을 노래한 『☐☐☐☐☐』를 지었어.

---

1 다음은 훈민정음 서문의 내용이다. ㉠, ㉡에 들어갈 알맞은 말을 쓰시오.

㉠: (   ), ㉡: (   )

> (우리)나라의 말씀이 중국과 달라 서로 통하지 않는다. 이런 이유로, [㉠]이 말하고자 하는 바가 있어도 마침내 제 뜻을 펴지 못하는 사람이 많다. 내 이를 가엽게 여겨 새로 [㉡] 글자를 만드니 모든 사람들이 쉽게 익혀 날마다 씀에 편안하게 할 따름이니라.

2 다음 중 세종이 훈민정음 창제 이후 선조들의 행적을 알려 조선 건국의 정당성을 나타낸 책을 골라 기호를 쓰시오.   (   )

㉠
『동의보감』

㉡
『용비어천가』

㉢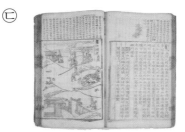
『삼강행실도』

한국사능력검정시험 기출

3 밑줄 친 '이 왕'의 업적으로 옳은 것은?   (   )

안녕하세요. 간송 전형필입니다. 저는 이 왕 때 편찬된 『훈민정음』 해례본을 지키기 위해 피란 중에도 품 안에 넣고 다녔습니다.

① 균역법을 실시하였다.
② 집현전을 운영하였다.
③ 경국대전을 완성하였다.
④ 원산 학사를 설치하였다.

정답 확인   오늘 나의 실력은?   확인

조선의 발전을 가져온 과학 기술은 무엇이 있을까?

 다음은 조선 시대 과학 기구 전시회의 안내문이다. 초성 힌트와 그림을 보고, 과학 기구의 이름을 써 보자.

전시

조선 전기 과학 기구와 만나는 시간

혼천의
해, 달, 별의 움직임을 관측하는 기구

자격루
물이 일정한 속도로 흐르는 원리를 이용해 만든 물시계

ㅊ ㅇ ㄱ
어느 정도의 비가 오는지 측정하는 기구

앙부일구
해의 움직임에 따라 그림자로 시각을 알 수 있는 해시계

큰별쌤의 영상

세종이 왕이었던 시기에 조선은 과학 발전을 이루었어. 혼천의, 자격루, 측우기, 앙부일구와 같은 기구들이 전부 이 시기에 만들어졌지.

과학 기술의 발전에도 백성을 위한 세종의 마음이 나타나 있단다.

백성이 잘살려면 농사가 잘 되어야 했고, 농사를 잘 지으려면 날씨와 기후를 잘 알아야 했지. 언제 씨를 뿌리고, 언제 거두어야 하는지, 비는 얼마나 내릴지 잘 알고 있으면 농사를 짓는 데 도움이 많이 되기 때문에 이러한 것들을 알 수 있는 도구를 만든 거야.

그럼 조선 전기의 과학 기술 발전을 자세히 알아보자.

천문학이 조선 초기 과학 기술을 이끌다

태조

천문학은 하늘의 변화를 관측하는 학문이란다. 옛날에는 왕이 하늘의 뜻을 대신한다고 여겼지. 따라서 하늘의 변화를 아는 것은 왕의 권위를 세우는 데 중요했어.

조선 왕조를 세운 태조도 하늘의 별자리를 그린 천문도를 만들었지. 고구려의 천문도를 바탕으로 별자리를 관측해 돌에 천문도를 새겼는데, 이것이 바로 「천상열차분야지도」란다.

세종 시대에 과학이 더욱 발전하다

세종은 백성이 더 잘살 수 있도록 과학 기술 발전에 힘썼단다.

백성의 생활을 안정시키려면 농사가 잘되도록 해야 했어. 이전에는 중국의 농사 책을 가져와 백성에게 농사법을 가르쳤는데, 중국과 우리나라의 기후와 토양이 달라서 맞지 않는 부분이 많았지. 그래서 세종은 우리 환경에 맞는 농사법을 연구하도록 하였단다. 세종의 명을 받은 신하들은 오랫동안 농사를 지어 온 우리 농민들의 경험을 일일이 물어 이를 바탕으로 『농사직설』을 펴냈어.

알맞은 농사법을 널리 알려 백성을 풍요롭게 해 주겠어!

다양한 농법 알기

거름 만들기

종자 구별하기

세종

농기구 사용하기

한편 농사를 짓기 위해서는 무엇보다 날씨도 중요하겠지? 그래서 하늘의 움직임을 관찰하기 위한 관측 기구인 혼천의와 간의도 조선에 맞게 새로 만들었단다. 혼천의는 별자리의 움직임으로 하늘의 변화를 관찰할 수 있는 기구였고, 간의는 행성과 별의 위치, 시간, 방위를 측정할 수 있는 천체 관측 기구였어.

그리고 비가 내린 양을 측정하기 위해 **측우기**도 만들었어. 조선의 측우기는 유럽 최초의 우량계보다 약 200년 앞선 발명품이라고 해. 측우기를 이용해 강우량을 측정하고, 그 자료를 바탕으로 비를 예측하여 대비할 수 있었단다.

세종 때는 새로운 시계도 만들었어. 해시계인 **앙부일구**는 뒤집어 놓은 솥뚜껑 모양이란다. 해의 움직임에 따라 변화하는 그림자를 이용해 시간을 알 수 있는 도구야. 앙부일구에는 가로·세로로 선이 그어져 있는데 가로선은 1년의 절기를, 세로선은 시간을 나타낸단다. 세종은 사람들이 많이 오가는 한양 한복판에 앙부일구를 설치해 누구나 쉽게 시간을 알 수 있게 했어.

조선 시대 최고의 발명가, 나야 나!

장영실

하지만 앙부일구는 밤이나 흐린 날에는 사용할 수 없었지. 그래서 장영실은 밤낮이나 날씨에 상관없이 사용할 수 있는 시계를 만들었는데, 바로 **자격루**야. 자격루는 '스스로 종을 쳐서 시각을 알려 주는 물시계'라는 뜻이지. 600여 년 전에 이러한 기계 원리를 이용하다니 놀랍지 않니?

천체 관측 기구

▲ 혼천의　　　　▲ 간의

측우기

▲ 측우기

해시계

▲ 앙부일구

물시계

▲ 자격루

| 조선의 발전을 가져온 과학 기술 |

❶ 세종은 우리나라 환경에 맞는 농사법을 정리한 『　　　　　』을 편찬하도록 했어.

❷ 조선 시대에는 비가 내린 양을 측정하는 　　　　가 발명되었어.

❸ 장영실은 스스로 종을 쳐서 시각을 알려 주는 물시계인 　　　를 만들었어.

---

1 다음은 조선 시대의 책을 설명한 것이다. ㉠에 들어갈 알맞은 책의 이름을 쓰시오.

(　　　　　　)

- 책 이름: (㉠)
- 시대: 조선 시대 세종 때
- 내용: 각 지역에서 오래 농사를 지은 농부들의 경험을 듣고, 우리나라의 풍토에 맞는 농사 방법을 정리하였다.

2 다음 설명에 해당하는 과학 기구를 낱말 카드에서 골라 쓰시오.

측우기　　　자격루　　　혼천의　　　앙부일구

(1) 천체의 운행과 위치를 관측하던 기구

(　　　　　　)

(2) 해의 그림자로 시각을 알 수 있는 시계

(　　　　　　)

(3) 물의 양에 따라 시각을 알려 주는 자동 시계

(　　　　　　)

한국사능력검정시험 기출

3 다음 가상의 표창장을 받은 인물로 옳은 것은? (　　　　　)

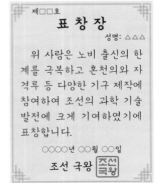

제□□호
표 창 장
성명: △△△

위 사람은 노비 출신의 한계를 극복하고 혼천의와 자격루 등 다양한 기구 제작에 참여하여 조선의 과학 기술 발전에 크게 기여하였기에 표창합니다.

○○○○년 ○○월 ○○일

조선 국왕 [조선국왕]

① 장영실
② 정몽주
③ 최무선
④ 홍대용

정답 확인

오늘 나의 실력은?　확인

조선에는 어떤 신분 제도가 있었을까?

 다음 그림은 조선 시대의 신분 제도를 보여 준다. 그림에서 양반으로 보이는 사람을 찾아 동그라미 해 보자.

큰별쌤의 영상

이 그림은 조선 시대의 화가인 김득신이 그린 「노상알현도」라는 그림이란다. 길에서 우연히 만난 사람들의 모습을 통해 조선 사회의 신분 질서를 잘 보여 주지.

말을 타고 가는 사람을 향해 길을 가던 남자와 여자가 허리를 굽혀 인사하는 모습이 보이지? 커다란 갓을 쓰고 말을 타고 있는 사람은 신분이 높은 사람이고, 허리를 굽혀 인사하는 사람들은 그보다 신분이 낮은 사람이지.

이처럼 조선 시대는 양반, 중인, 상민, 천민으로 구분된 신분제 사회였어.

그럼 조선 시대에 신분은 어떻게 구분되었고, 신분에 따라 어떤 일을 했는지 알아보자!

태어날 때부터 신분이 정해지다

조선 시대도 고려와 마찬가지로 태어나면서부터 신분이 정해지는 신분제 사회였단다. 조선에서 법으로 정해진 신분은 양인과 천인이었어. 하지만 실제로는 양인을 다시 양반, 중인, 상민으로 나누었지. 그러니까 조선의 신분은 양반, 중인, 상민, 천민의 네 개로 구분되었지.

조선 시대 지배층인 **양반**은 '두개의 반'이라는 뜻으로, 원래 문관 관리와 무관 관리를 합쳐서 부르는 말이란다. 임금이 조회를 열 때 문관은 동쪽에 서고 무관은 서쪽에 서자 문관을 동반, 무관을 서반이라고 부르 것에서 시작되었지.

문·무반 관리의 가족이니 우리도 양반이지!

시간이 지나면서 문·무반 관리들뿐만 아니라 그들의 가족과 가문까지도 양반이라고 불렀어. 양반은 차츰 지배층을 일반적으로 부르는 말이 되었지. 양반은 나라의 군인으로 근무하거나 노동력을 제공해야 하는 역의 의무를 지지 않았어. 양반은 관리로서 일한 대가로 나라로부터 토지나 봉급을 받았지. 따라서 풍요롭게 생활할 수 있었고 노비를 가지고 있었단다.

중인은 양반과 상민의 중간에 있는 계급이야. 하급 관리, 환자를 치료하는 **의관**, 통역 일을 하는 역관 등이 이에 해당했지. 이들은 상민보다는 신분이 높았지만 양반처럼 높은 지위에 오르기는 어려웠단다. 중인들은 대대로 직업이 자손에게 이어지는 경우가 많았어.

상민은 농민, 수공업자, 상인 등이 해당한단다. 상민의 대부분은 농민이었어. 이들은 나라에 세금을 내고, 군인으로서 나라를 지키며, 나라에 필요한 노동력을 제공하는 등 여러 의무를 졌어. 상민은 법적으로는 양인이라서 과거에 응시할 자격이 있었지만 실제로 과거 시험을 보는 것은 거의 불가능했지.

조선 시대에는 직업에 따른 차별도 있었다고요?

조선 시대에는 '사농공상'이라고 하여 직업에 따른 차별도 존재했어. '사'는 선비를 뜻하고, '농'은 농민을 뜻하고, '공'은 수공업자나 장인을 뜻하고, '상'은 상인을 뜻해. 글공부를 하는 선비가 가장 우대되었고 장사를 하는 상인이 천시되었지. 그러다 보니 조선 전기에는 상업이 많이 발달하지 않았단다.

양반
중인
상민
천민

천민의 대부분은 노비였어. 노비는 재산으로 여겨져 사고팔거나 자식에게 물려주는 것도 가능했고, 부모 중 한쪽이 노비이면 자식도 노비가 되었단다. 노비는 주인 땅의 농사를 짓거나 집안일을 해야 했어. 조선 시대에는 노비 외에도 가축을 잡는 백정, 묘기를 부리는 광대, 점이나 굿을 하는 무당 등도 천민 취급을 받았지.

조선 시대 사람들도 놀이를 즐겨하다

조선 시대에는 다양한 놀이가 있었어. 그런데 신분과 성별에 따라 여가 시간을 보내는 방법도 달랐지.

양반들은 시를 짓거나 글을 쓰고, 그림을 그리면서 여가를 즐겼어. 또한 양반 남자들은 바둑이나 장기를 두기도 하고, 활쏘기 등을 즐기기도 했지. 양반 여자들은 수를 놓거나 투호 등을 하며 여가를 보냈어. 양반집의 어린이들은 승경도라는 놀이를 즐겼는데, 승경도는 관직 이름이 적힌 놀이판에 주사위를 던져 높은 관직에 먼저 오르면 이기는 놀이야. 놀이를 통해 자연스럽게 관직에 대해 익힐 수 있도록 한 것이지.

▲ 승경도 놀이판과 윤목

일반 백성은 바쁜 농사일로 여가를 즐길 시간이 많지 않았지만, 힘든 농사일을 즐겁게 하기 위해 농악 놀이를 하기도 했어. 밖에서 뛰노는 놀이는 상민들이 더 즐겼어. 남자들은 농사일이 끝나면 씨름, 윷놀이 등을 하고 여자들은 널뛰기, 그네뛰기 등을 즐겼지.

| 조선 시대 사람들의 생활 |

❶ 조선의 최고 신분인 [ ][ ]은 문반과 무반의 두 관리를 뜻하는 말이었어.

❷ 조선 시대 [ ][ ]은 양반과 상민의 중간 계층으로, 주로 하급 관리와 전문직 종사자들이었어.

❸ 조선 시대 노비, 백정, 광대, 무당 등은 가장 신분이 낮은 [ ][ ]이었어.

1 다음 신분에 해당하는 사람을 바르게 선으로 이으시오.

(1) 양반　　(2) 중인　　(3) 상민　　(4) 천민

ㄱ 올해는 가뭄이라 농사가 너무 힘들군.

ㄴ 전하께서 여시는 조회에 갑시다.

ㄷ 침을 놓았으니 곧 좋아질 것이오.

ㄹ 어디 한번 즐겨 보세.

2 다음에서 설명하는 놀이의 이름을 쓰시오.　　(　　　　　)

이 놀이는 조선 시대 양반집의 어린이들이 하던 놀이이다. 종이 말판 위에 관직 이름을 차례로 적고 주사위 등을 던져 가장 높은 관직에 먼저 오르는 사람이 이긴다.

3 (가)에 들어갈 내용으로 옳은 것은?　　(　　　　　)

한국사 퀴즈 대회

(가)

조선 시대 의관, 역관, 서리, 향리 등이 포함된 신분을 이르는 말은?

① 양반
② 중인
③ 상민
④ 천민

정답 확인　　오늘 나의 실력은?　　확인

조선 시대 유교 윤리와 양반 문화는 어떻게 발달하였을까?

 다음은 조선 시대의 중요한 가정 행사인 '관혼상제'를 나타낸 것이다. 사다리를 타고 내려가 관혼상제가 무엇을 의미하는지 알아보자.

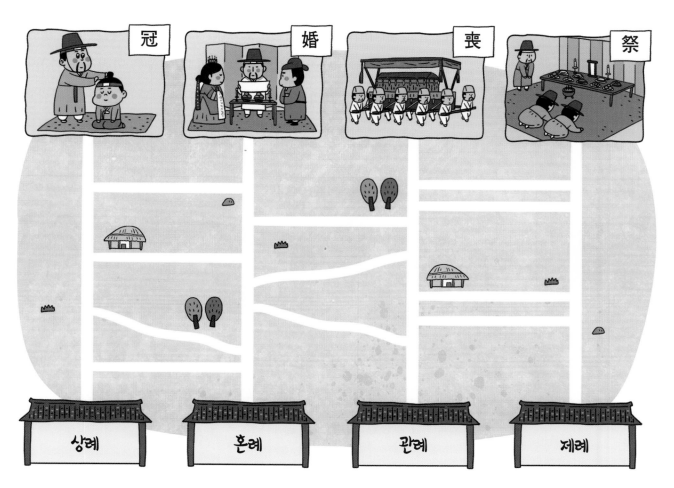

冠 / 婚 / 喪 / 祭

상례 / 혼례 / 관례 / 제례

큰별쌤의 영상

사다리타기 놀이를 통해 '관혼상제'의 의미를 생각해 보았니?

'관혼상제'는 조선 시대에 가장 중요하게 생각한 가정 행사로 관례, 혼례, 상례, 제례를 뜻하지. 관례는 성년의 예를 치르는 의식이고, 혼례는 가정을 이루는 결혼식, 상례는 돌아가신 조상을 장사 지내는 것, 제례는 조상을 기리며 제사를 지내는 것이란다.

조선 시대에는 이러한 가정 행사에도 유교의 가르침을 따랐지.

그럼 조선 시대에 유교 윤리가 생활 속에 어떻게 적용되었는지 알아보고, 조선 전기 문화가 어떻게 발전하였는지 우리 함께 자세히 알아보자.

유교 윤리가 보급되다

조선은 유교 이념을 바탕으로 건국된 나라란다. 따라서 유교의 가르침을 일상생활에서도 백성이 실천할 수 있도록 많은 노력을 기울였어.

유교에서는 임금이 백성을 보살피고, 신하와 백성은 나라에 충성하고, 자식은 부모에게 효도하는 등 사람이 지켜야 할 도리를 중요하게 생각했어. **삼강오륜**은 유교 윤리에서 가장 기본으로 지켜야 하는 도리와 덕목을 말해. **삼강**은 신하가 임금을 섬기고, 아내는 남편을 섬기고, 아들은 아버지를 섬겨야 한다는 내용이지. **오륜**은 임금과 신하, 아버지와 아들, 남편과 아내, 윗사람과 아랫사람, 친구와 친구 사이에 지켜야 할 도리야. 다음은 오륜을 나타낸 그림이란다.

임금과 신하의 의리	부자 사이의 친함	부부 사이의 구별	나이에 따른 서열	친구 사이의 믿음
군신유의	부자유친	부부유별	장유유서	붕우유신

세종 때, 진주에 사는 김화가 아버지를 죽인 충격적인 사건이 벌어졌지. 이 소식을 들은 세종은 글을 모르는 백성도 유교의 가르침을 배우고 실천할 수 있도록 『삼강행실도』라는 책을 펴내도록 하였어.

효자 최루백 이야기

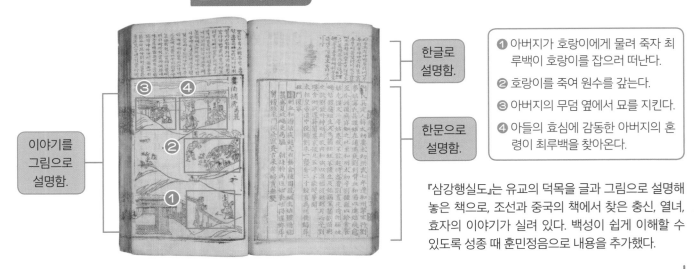

이야기를 그림으로 설명함.

한글로 설명함.

한문으로 설명함.

❶ 아버지가 호랑이에게 물려 죽자 최루백이 호랑이를 잡으러 떠난다.

❷ 호랑이를 죽여 원수를 갚는다.

❸ 아버지의 무덤 옆에서 묘를 지킨다.

❹ 아들의 효심에 감동한 아버지의 혼령이 최루백을 찾아온다.

『삼강행실도』는 유교의 덕목을 글과 그림으로 설명해 놓은 책으로, 조선과 중국의 책에서 찾은 충신, 열녀, 효자의 이야기가 실려 있다. 백성이 쉽게 이해할 수 있도록 성종 때 훈민정음으로 내용을 추가했다.

양반 문화가 발달하다

조선 전기에는 **양반 중심의 문화**가 발달하였어. 그림은 왕실에서 일하는 화원이나 선비들이 주로 그렸지. 특히 이들은 **산수화**나 선비들의 정신세계를 보여 주는 그림을 많이 그렸단다.

▲ 강희안의 「고사관수도」

▲ 안견의 「몽유도원도」

강희안의 「고사관수도」에서는 선비의 여유로운 모습을 볼 수 있지. 안견의 「몽유도원도」는 '꿈속에서 복숭아밭을 노니는 그림'이라는 뜻으로, **무릉도원**과 현실 세계를 조화롭게 표현하였어. 또한 매화, 난초, 국화, 대나무를 그려 선비의 지조를 나타낸 **사군자화**도 유행하였단다.

무릉도원
복숭아 나무가 있는 언덕이라는 뜻으로, 이 세상이 아닌 것처럼 아름다운 곳을 말한다.

조선 시대에 들어와 도자기를 만드는 기술도 새롭게 변화하였지. 고려 시대에는 귀족들의 취향에 맞는 청자가 유행했잖아? 고려 말 혼란 속에서 청자는 그 빛이 탁해지고 무늬도 단순해졌어. 그러면서 등장한 자기가 **분청사기**란다. 분청사기는 '청자 흙으로 만든 그릇에 분칠을 한 것처럼 꾸민 자기'라는 뜻이야. 청자의 빛이 탁해지자 하얀 흙으로 분칠을 한 것처럼 꾸민 것이지. 분청사기는 소박하고 자연스러운 멋을 가지고 있었고, 조선 초기에 크게 유행하였지.

시간이 흘러 16세기가 되자 순백색의 **백자**가 유행하지. 백자는 모양이 화려하지는 않지만 순백의 단아한 아름다움을 가지고 있어 선비들의 취향과 어울려 널리 퍼졌단다. 백자는 조선을 대표하는 자기란다.

▲ 분청사기 상감 연꽃 버드나무 물고기 무늬 납장병

수수하고 단아한 백자가 참 아름답네!

▲ 백자 끈 무늬 병

정리해 보자!

| 유교 윤리와 양반 문화 |

❶ 세종은 충신, 효자, 열녀의 이야기가 담긴 『　　　　』를 편찬하도록 했어.

❷ 조선 시대에는 매화, 난초, 국화, 대나무를 그린 　　　 그림이 유행했어.

❸ 조선 초기, 청자 흙으로 만든 그릇에 분칠을 한 것처럼 꾸민 　　　　가 유행했어.

---

1 다음에서 설명하는 책은 무엇인지 쓰시오.　　　　　（　　　　　　　）

> 세종 때에 우리나라와 중국의 서적에서 모범이 될 만한 충신, 효자, 열녀 이야기를 구성하여 이 책을 펴냈다. 특히 한자를 잘 모르는 백성도 유교의 가르침을 배울 수 있도록 그림과 한글 설명을 실었다.

2 다음은 조선 시대의 도자기에 관한 설명이다. ㉠, ㉡에 들어갈 알맞은 말을 쓰시오.

㉠: (　　　　　　), ㉡: (　　　　　　)

> 조선 시대에 들어와 도자기를 만드는 기술도 새롭게 변화하였다. 초기에는 청자에 백토 가루를 칠한　㉠　가 유행하였으며, 그 뒤에는 깨끗함을 강조한　㉡　가 발달하였다.

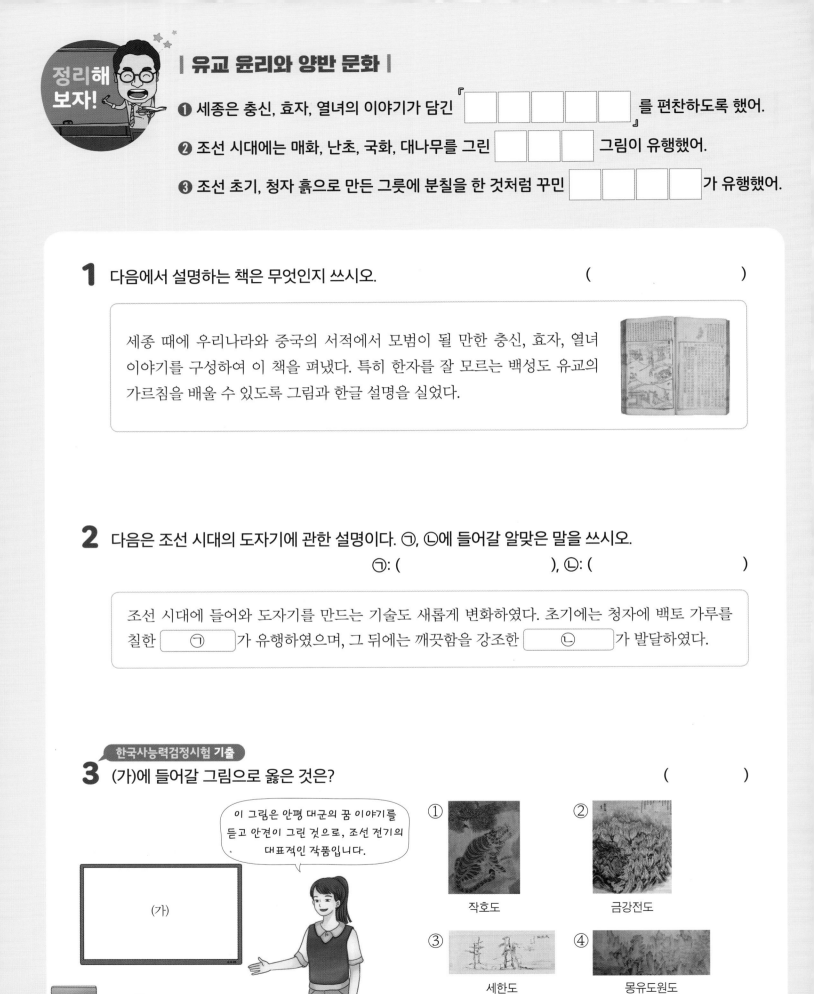

한국사능력검정시험 기출

3 (가)에 들어갈 그림으로 옳은 것은?　　　　　（　　　　　　　）

> 이 그림은 안평 대군의 꿈 이야기를 듣고 안견이 그린 것으로, 조선 전기의 대표적인 작품입니다.

(가)

① 작호도
② 금강전도
③ 세한도
④ 몽유도원도

 오늘 나의 실력은?　확인

마무리 학습

도전! 한국사능력검정시험

조선은 유교를 나라의 근본으로 삼았고, 다양한 문화와 기술을 발전시켜 갔단다.

세종 대에 발전한 문화와 과학, 조선의 신분 제도 등을 알아보자!

훈민정음

만든 이유	중국의 글자인 한자가 어렵고 우리말과 달라 일반 백성이 쉽게 사용하지 못함.
만든 사람	★세종이 훈민정음을 창제·반포함.
특징	과학적·독창적이고, 누구나 배우기 쉬우며, 하늘·땅·사람과 발음 기관의 모양을 본떠 만듦.
보급	『용비어천가』 등을 훈민정음으로 편찬하고, 하급 관리 채용 시험에 활용함.

과학 기술 발달

혼천의	간의	★앙부일구	측우기	★자격루
천체의 운행과 위치를 관측하는 기구	혼천의를 간소화하여 만든 기구	해의 그림자로 시각을 알려 주는 해시계	비가 내린 양을 측정하는 기구	물의 변화량에 따라 시각을 알려 주는 물시계

유교 윤리 보급과 양반 문화 발달

유교 윤리 보급	• ★삼강오륜: 유교 윤리에서 가장 기본적으로 지켜야 하는 도리임. • 『삼강행실도』: 백성에게 유교의 기본 윤리인 삼강오륜을 알리기 위해 편찬함.
양반 문화 발달	• 그림: 산수화, 「고사관수도」, 「몽유도원도」, 사군자화 등 • 도자기: 분청사기, ★백자

조선의 신분 제도

★양반	중인	★상민	천민
• 과거로 관리가 된 사람과 그 가족을 말함. • 관리가 되어 나랏일을 하거나 유학을 공부함.	• 하급 관리나 역관, 의관 등 전문직에 종사함. • 대부분 낮은 관직에서 일하는 사람들이 많음.	• 농업, 어업, 수공업, 상업 등에 종사함. • 전쟁이 일어나면 나라를 지키는 일에 동원되고, 세금을 내야 함.	• 노비, 무당, 백정, 광대 등 신분이 가장 낮음. • 나라 또는 개인의 재산으로 여겨져 매매나 상속의 대상이 됨.

1 밑줄 그은 '이 왕'의 업적으로 옳은 것은?

( )

> 이곳은 조선 제4대 왕과 왕비가 묻힌 곳입니다. 이 왕은 집현전을 설치하여 학문 연구 기관으로 삼았습니다.

① 훈민정음을 창제하였다.
② 목민심서를 저술하였다.
③ 백두산정계비를 세웠다.
④ 수원 화성을 건설하였다.

3 (가)에 들어갈 책으로 옳은 것은? ( )

제○○호　　□□신문　　○○○○년 ○○월 ○○일

우리 기후와 풍토에 맞는 최초의 농서가 발간되다

왕의 명으로 우리 기후와 풍토에 맞는 농서가 최초로 발간되었다. 경험이 많은 농부들의 경험도 반영되어 농민들에게 큰 도움이 될 것으로 보인다.

(가)

① 　　　　　　②

농사직설　　　　동의보감

③ 　　　　　　④

삼국사기　　　　직지심체요절

2 다음 가상 대화의 왕이 재위하던 시기에 만들어진 기구로 옳지 <u>않은</u> 것은? ( )

> 전하께서 분부하신 대로 선왕들의 업적을 기리는 『용비어천가』를 완성하였습니다.

> 수고하였소. 이로써 훈민정음이 널리 알려지길 바라오.

① 자격루　　　　② 측우기
③ 거중기　　　　④ 앙부일구

4 (가)에 들어갈 신분으로 옳은 것은?

(   )

조선 시대 문반과 무반 관리를 뜻하는 말로, 조선 시대 최고 신분을 이르는 말은?

한국사 퀴즈 대회

(가)

① 양반   ② 중인
③ 상민   ④ 천민

5 (가)에 들어갈 책으로 옳은 것은? (   )

세종이 유교 윤리를 보급하기 위해 편찬하게 한 책으로 우리나라와 중국의 충신, 효자, 열녀의 이야기를 글과 그림으로 설명한 책은?

(가)

① 칠정산   ② 농사직설
③ 동의보감   ④ 삼강행실도

6 (가)에 들어갈 문화유산으로 적절한 것은?

(   )

조선 회화 특별전

이 그림은 흐르는 물을 바라보는 선비의 모습을 그렸어요. 선비의 여유로운 정신세계를 표현하였답니다.

(가)

①

작호도

②

고사관수도

③

세한도

④

몽유도원도

다음 글자판에는 한국사능력검정시험에 자주 출제되는 핵심 낱말이 숨어 있다.
공부한 내용을 떠올리며 숨은 낱말을 찾아 ○표 해 보자.

자	실	대	살	들	침	동	건	상
바	격	의	부	삼	강	행	실	도
두	해	루	장	면	이	근	망	백
도	구	라	영	밤	정	조	개	머
잠	장	돼	분	발	서	화	훈	숙
윤	기	청	하	농	후	려	민	원
제	사	펭	나	사	금	독	정	김
기	부	수	마	직	완	쟁	음	예
형	양	반	남	설	여	담	함	린

나랏말쏴미

숨은 낱말

1 백성을 가르치는 바른 소리라는 뜻으로, 우리나라 글자를 말한다.

2 조선 초기, 청자 흙으로 만든 그릇에 분칠을 한 것처럼 꾸민 도자기이다.

3 충신, 효자, 열녀의 이야기를 담아 그림과 한글, 한자로 편찬한 책이다.

4 스스로 쳐서 시각을 알려 주는 물시계로, 날씨에 상관없이 사용할 수 있다.

5 조선 시대 세종의 명에 따라 우리나라 땅에 맞게 편찬된 농서다.

6 '두개의 반'이라는 뜻으로, 원래 문관과 무관 관리를 합쳐서 부르던 말이다.

임진왜란은 왜 일어났을까?

 다음은 임진왜란 때 일본군이 부산으로 쳐들어왔을 당시의 모습을 담은 「동래부 순절도」이다.
여자들이 기왓장을 던져 일본군에 맞서는 모습을 골라 ✔표 해 보자.

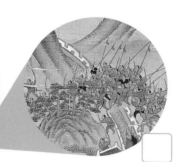

평화로웠던 조선에 전쟁이 일어났어. 그림은 부산 동래성으로 일본군이 쳐들어왔을 당시의 모습이란다.

부녀자들도 기왓장을 던져 맞설 정도로 항전하였지만, 많은 수의 일본군이 성을 뚫고 들어오는 것을 막을 수 없었지. 결국 동래 부사였던 송상현은 임금께 예를 갖추고 순절한단다. 한편 경상 좌병사 이각은 일본군의 숫자를 보고 달아나 버리지.

평화롭던 조선을 뒤흔든 임진왜란이 어떻게 시작됐는지, 조선의 바다를 지킨 이순신은 어떻게 등장했는지 우리 함께 알아보자.

큰별쌤의 영상

평화롭던 임진왜란 이전의 동아시아

　조선은 세종 대 이후 주변 나라들과 큰 전쟁 없이 평화로운 관계를 유지해 왔어. 오랜 기간 전쟁이 일어나지 않았기 때문에 군사들의 전투력은 약해졌단 다. 이에 비해 **도요토미 히데요시**는 100년 가까운 전국 시대를 끝내고 일본을 통일하였어. 그는 일본에 만족하지 않고 조선과 명을 차지하기 위해 침략을 준 비하였지. 당시 조선 정부는 일본의 상황을 알아보기 위해 사신을 보냈지만, 엇 갈린 의견 속에 일본의 침략에 제대로 대비하지 못했어.

임진왜란이 시작되다

　1592년 임진년, 도요토미 히데요시는 명나라를 정벌하러 갈테니 조선에게 길을 내어 달라는 요구를 해 왔어. 조선이 거절하자 일본은 16만의 군대를 이 끌고 쳐들어왔단다. **임진왜란**이 시작된 거야.

도요토미 히데요시는 일본을 무력으로 통일하였어. 외부의 적을 만들어 일본 내의 불만 을 누그러뜨리기 위해서 전쟁 을 일으켰단다.

조총(鳥 새 **조**, 銃 총 **총**)
원래 새를 잡기 위해 만든 공기총 으로, 포르투갈 상인들이 일본에 전하였다. 당시 주된 전쟁 무기였 던 활보다 새로운 무기였다.

　일본군은 부산으로 쳐들어왔고 부산진과 동래성 이 순식간에 함락되었어. 신식 무기인 **조총**으로 무장 한 일본군을 맞아 조선은 신립 장군을 충주로 보냈지만 결국 일본에 패배하고 말았지.

　일본군이 빠르게 북쪽으로 올라오자 선조는 광해군을 세자로 정하고 **평안 도**까지 피란을 떠났어. 전쟁이 시작된 지 20일 만에 일본군이 한양을 점령하 고, 평양을 거쳐 함경도까지 올라가자 선조는 명나라에 군사 지원을 요청했지.

이순신, 승리를 이끌다

육지에서 조선군이 일본군에 연이은 패배를 당해 어려움을 겪고 있을 때, 바다에서 이순신과 조선 수군의 승리 소식이 전해졌어.

이순신은 옥포에서의 승리를 시작으로 일본군과의 전투에서 한 번도 지지 않았단다. 이순신과 조선 수군이 조선의 바다를 철통같이 지킴으로써 곡식이 많이 생산되는 충청도와 전라도 지방을 온전히 보전할 수 있었어. 그리고 바다를 통해 전달되는 일본군의 식량이 일본 군대에 도착하지 못하게 막을 수 있었지.

거북선과 함께 수군의 승리를 이어 가자!

거북선은 판옥선에 덮개를 덮고 쇠못을 꽂아 적이 올라타지 못하게 설계한 돌격선이야. 조선의 배는 일본의 배보다 컸지만 이동 속도가 느렸어. 그래서 넓은 지역에서 전투를 벌이는 게 유리했지. 조선 수군의 배가 일본군의 배를 넓은 바다로 유인하면 거북선이 나설 차례였단다.

적의 배 가까이 이동한 거북선이 화포를 쏘며 적진을 어지럽히면 한 줄로 대기하던 판옥선은 마치 학이 날개를 편 듯한 모습의 **학익진 전법**으로 일본군의 배를 감쌌지. 그리고 나서 화포를 쏴 적선을 공격한 거야. 거북선과 학익진 전법을 이용하여 큰 승리를 거두었던 해전이 바로 **한산도 대첩**이란다.

돌격선
해전이 벌어지면 가장 앞쪽에서 적진을 향해 나서는 배를 말한다.

학 날개 모양으로 적을 에워싸서 모두 무찌르자!

| 임진왜란의 발발과 전개 |

❶ 도요토미 히데요시는 조선에 □ 나라를 정벌하러 가는 길을 비켜 달라고 요구해 왔어.

❷ 일본군의 침략을 미리 예상한 □□□ 은 거북선과 판옥선을 만들고 수군을 훈련시켰어.

❸ 한산도 대첩은 돌격선인 거북선과 □□□ 전법으로 일본군에 승리한 전투야.

---

1 다음 그림의 장면들을 순서대로 나열하시오.   (   ) → (   ) → (   )

(가)

도요토미 히데요시가
일본을 통일하였다.

(나)

이순신이 수군을 이끌고
일본에 맞서 싸웠다.

(다)

부산진 전투에서 일본군이
조총으로 조선을 공격하였다.

2 다음 무기와 그에 대한 설명을 바르게 선으로 이으시오.

(1) 화포   (2) 판옥선   (3) 거북선

ㄱ 사정거리가 800~1,000
미터에 달해 먼 곳까지
쏠 수 있는 대포

ㄴ 갑판을 덮고 쇠못을 박
아 적들이 쉽게 뛰어오
르지 못했던 돌격선

ㄷ 갑판 위에 널빤지로 지
은 집 형태의 판옥을 올
려 만든 조선의 주력선

한국사능력검정시험 기출

3 밑줄 그은 '이곳'을 지도에서 옳게 찾은 것은?   (   )

임진왜란 때 부사 송상현이
이곳에서 일본군과 맞써 싸웠습니다.
그러나 조총으로 무장한 일본군에게
패하여 성이 함락되었습니다.

① (가)
② (나)
③ (다)
④ (라)

  정답 확인

오늘 나의 실력은?   확인

의병과 관군은 일본에 어떻게 맞서 싸웠을까?

 다음 지도는 임진왜란 당시 활약한 인물과 그 지역을 나타낸 것이다. 초성 힌트를 보고, 인물의 이름을 써 보자.

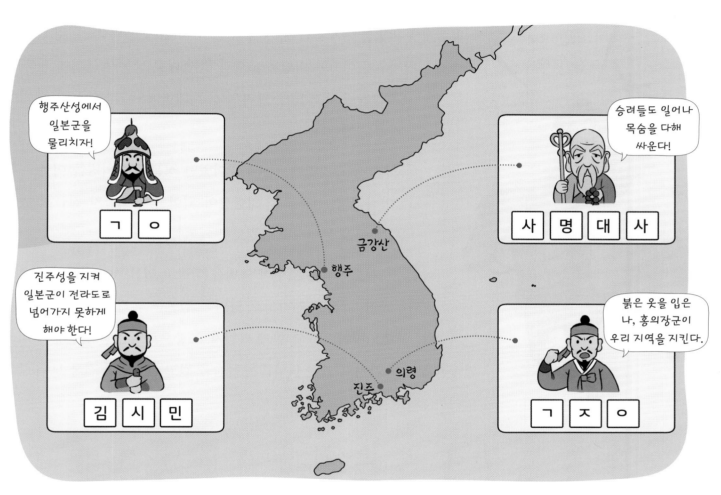

행주산성에서 일본군을 물리치자!

ㄱ ㅇ

승려들도 일어나 목숨을 다해 싸운다!

사 명 대 사

진주성을 지켜 일본군이 전라도로 넘어가지 못하게 해야 한다!

김 시 민

붉은 옷을 입은 나, 홍의장군이 우리 지역을 지킨다.

ㄱ ㅈ ㅇ

금강산
행주
의령
진주

임진왜란이 일어나자 각 지역에서 일본군에 맞서 싸운 의병이 등장했어.
자신이 오랫동안 살아온 지역에 관해서는 누구보다 잘 알았기 때문에 이를 이용해 일본군에 맞서 싸웠지. 의령의 곽재우, 금강산의 사명 대사 등은 이러한 의병을 이끈 대표적인 의병장이었단다.
의병에 이어 관군도 일본군을 상대로 승리를 거두면서 전세를 바꾸어 갔단다. 행주 대첩의 권율, 진주 대첩의 김시민 등의 관군이 활약하였지.
그럼 임진왜란 당시 의병과 관군의 활약에 관하여 자세히 알아보자!

큰별쌤의 영상

나라를 구하고자 의병이 일어나다

일본군의 공격에 육지에서 조선군이 연이어 패배하면서 백성은 큰 고통을 겪었어. 그러자 일본군에 맞서 곳곳에서 **의병**이 일어났지. 의병들은 자신이 살고 있는 지역의 지형을 이용한 전술로 일본군을 상대하였어.

임진왜란 당시 의병장으로 유명한 인물로 곽재우가 있어. 곽재우는 경상남도 의령에서 의병을 일으켰는데, 항상 붉은 옷을 입어 홍의장군이라고 불렸어. 곽재우가 이끄는 의병은 고향과 멀지 않은 낙동강 근처에 진을 치고 일본군을 물리쳤지. 그리고 진주 대첩에도 참여해 승리에 기여하기도 했단다.

함경도 지역에서는 무관이었던 정문부가 의병을 이끌고 활약하였어. 정문부는 의병장이 되어 함경도까지 진군해 있던 일본군을 무찌르고 함경도를 지켜 냈단다.

충청도에서는 조헌이 의병을 이끌고 일본군이 점령한 청주를 되찾았어. 그리고 전라도로 향하는 일본군을 막기 위해 금산으로 향해 약 700명의 의병과 함께 싸웠지. 조총으로 무장한 일본군에 비해 열악한 무기를 가지고 있던 의병들은 목숨을 걸고 싸웠지만 결국 모두 죽음을 맞이하였단다.

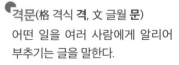

의병이여! 일어나라!

곽재우

승려들도 맞서 싸우자!

승려들이 일으킨 의병은 승병이라고 해. 서산 대사 휴정은 전국의 승려들에게 격문을 돌려 승려들도 앞장서서 일본군에 맞서 싸우도록 했어. 그리고 자신도 제자들과 함께 승병을 이끌고 명나라 군사와 힘을 합쳐 평양을 되찾았단다.

격문(格 격식 **格, 文** 글월 **문)**
어떤 일을 여러 사람에게 알리어 부추기는 글을 말한다.

- 백두산
- 길주
- 휴정(서산 대사)
- 의주
- 정문부
- 묘향산
- 평양성 탈환 / 조·명 연합군
- 유정(사명 대사)
- 평양
- 신천 개성
- 금강산
- 동해
- 충주 전투 / 신립
- 행주 대첩 / 권율
- 행주 한성
- 황해
- 충주
- 옥천 상주
- 상주 전투 / 이 일
- 조헌·영규
- 금산
- 고령
- 김 면
- 담양
- 의령 경주
- 한산도 대첩 / 이순신
- 고경명
- 진주
- 김천일
- 나주
- 율돌목
- 한산도
- 명량 대첩 / 이순신
- 진주 대첩 / 김시민
- 곽재우
- □ 관군
- ■ 의병 대장
- ✳ 격전지

관군도 함께 활약하다

수군과 의병의 활약에 이어 조선의 관군도 일본군에 승리를 거두었어. 그 대표적인 전투가 진주 대첩과 행주 대첩이야.

임진왜란 초기 일본군은 순식간에 평양을 점령했어. 하지만 일본군은 이순신과 조선 수군의 활약 탓에 바닷길을 통해 식량이나 병력을 지원받기 어려웠지. 이에 일본군은 곡식이 많이 나던 전라도를 차지하려고 했어.

경상도 지역에 있던 3만여 명의 일본군은 전라도로 가는 길목인 진주성을 공격했단다. 진주 목사 김시민은 일본군보다 훨씬 적은 수의 군사에도 불구하고 진주성의 백성과 힘을 합쳐 일본군을 물리치고 진주 대첩에서 승리했어. 그러나 김시민은 전투 중에 조총을 맞아 목숨을 잃었단다.

명의 지원군이 도착한 후 조선군과 명나라 군대는 일본군이 점령한 평양성을 빼앗았단다. 일본군은 평양성에서 철수한 후 한양을 점령하기 위해 3만여 명을 모아 행주산성을 공격했어.

일본군이 쳐들어오자 권율의 관군과 성안의 백성이 힘을 다해 싸워 일본군을 물리치고 행주 대첩에서 승리했지. 행주산성에서 패한 일본군은 한양 점령을 포기하고 남쪽으로 물러나 명과 휴전 협상을 시작했단다.

진주성을 지켜내야 한다!

김시민

'행주치마'는 '행주 대첩'에서 유래한 말인가요?

일본군이 쳐들어왔을 때 아낙네들도 치마를 이용하여 돌을 날라 조선군을 지원했다는 이야기가 전해져. 그러나 임진왜란 이전부터 '행주치마'라는 말을 사용했기 때문에 행주치마가 행주 대첩에서 유래했다고 보기는 어려워. 하지만 조선을 지키고자 하는 행주산성 백성의 의지가 합쳐져 일본을 물리칠 수 있지 않았을까?

▼ 진주성

우리 진주성을 지켜야 일본군이 전라도로 가는 것을 막을 수 있어!

| 임진왜란 당시 의병과 관군의 활약 |

❶ 홍의장군 [ ][ ][ ] 는 의령에서 의병을 일으켜 일본군에 맞서 싸웠어.

❷ 김시민은 [ ][ ] 성에서 백성과 힘을 합쳐 일본군을 물리쳤어.

❸ 권율은 [ ][ ] 산성에서 백성과 힘을 모아 싸워 일본군에 큰 승리를 거두었어.

1 다음은 임진왜란 당시 활약한 인물들에 관한 설명이다. ( ) 안에 들어갈 알맞은 인물에 ○표 하시오.

(1) 무관이었던 (조헌, 정문부, 곽재우)은/는 의병장이 되어 함경도를 지켜 냈다.

(2) 진주성에서는 진주 목사 (권율, 조헌, 김시민)이 백성과 힘을 합쳐 일본군에 맞서 진주성을 지켜 냈다.

(3) 이름 높은 승려였던 (무학 대사, 사명 대사, 서산 대사)는 전국에 격문을 돌려 승려들이 앞장서서 싸우도록 하였다.

2 다음 글자판에서 임진왜란과 관련된 낱말을 모두 찾아 ○표 하시오.

곽	주	모	동	힘	사	소	행	아
명	재	대	어	인	형	만	주	천
신	산	우	싸	외	서	산	대	사
통	권	진	성	부	움	상	첩	제
율	모	분	거	북	선	화	조	미

한국사능력검정시험 **기출**

3 (가)에 들어갈 인물로 옳은 것은? ( )

이달의 역사 인물로 [(가)] 이 선정되었습니다. 그는 임진왜란 당시 일본군이 진주성을 공격해오자 병사와 백성을 이끌고 성을 지켰습니다.

이달의 역사 인물 선정

① 강감찬
② 김만덕
③ 김시민
④ 김옥균

오늘 나의 실력은? | 확인

7년간의 전쟁은 어떻게 막을 내렸을까?

다음 그림은 명량 대첩 당시 조선 수군이 사용한 전술을 나타낸 것이다. 조선의 배는 몇 척인지 세어 보자.

조선의 배

일본의 배

정답: ☐ 척

일본군이 다시 조선을 쳐들어온 정유재란 당시 조선 수군에게는 단 12척의 배밖에 없었단다. 하지만 조선 수군을 이끌던 이순신 장군은 적은 배로도 일본 수군을 상대할 전술을 가지고 있었지. 이순신은 부서진 한 척의 배를 고쳐 총 13척의 배로 일본 수군과 싸웠어.

이순신 장군은 울돌목이라고 불리는 명량 해협으로 일본 수군이 오기를 기다렸어. 울돌목의 거센 물살에 휩쓸려 일본군의 배가 갈피를 못 잡고 대형이 무너지자, 울돌목 입구에 일자로 진을 치고 있던 조선 수군은 총공격을 하여 결국 전투에 승리하였지.

그럼 임진왜란이 어떻게 마무리가 되었는지, 임진왜란의 영향은 무엇인지 함께 알아보자.

큰별쌤의 영상

일본이 다시 쳐들어오다

휴전 협상이 결렬되자 일본은 1597년에 다시 조선으로 쳐들어왔어. 정유년에 다시 전쟁이 발발했다고 해서 이를 **정유재란**이라고 해.

당시 이순신은 왕명을 어겼다는 이유로 조선의 수군을 통솔하는 **삼도 수군통제사**에서 물러난 상황이었어. 하지만 이순신이 없는 조선 수군은 칠천량 해전에서 일본군에 전멸에 가까운 패배를 당하고 말았지.

조선의 수군이 대패하자 선조는 다시 이순신을 삼도 수군통제사에 임명했어. 이순신은 각지를 돌며 병사와 식량, 무기를 모아 군대를 꾸렸지.

하지만 조정에서는 지금의 수군 전력으로는 도저히 일본군을 막을 수 없다고 판단하여 이순신에게 수군을 해산하고 육군으로 합류하라는 명령을 내렸어. 이때 이순신은 선조에게 싸워 이길 수 있다는 **장계**를 올린단다.

지금 신에게는 아직 열두 척의 배가 있사오니
죽을 힘을 다해 싸우면 이길 수 있사옵니다!

이순신이 이끄는 조선 수군은 추가로 수리한 배 한 척까지 포함하여 13척의 배로 명량에서 일본군 133척의 배에 맞섰지. 울돌목이라고 하는 명량 해협은 현재 진도와 육지 사이에 있는 곳으로, 물길이 좁고 물살이 빨랐어. 조선 수군은 여기에서 일본군이 지나가는 것을 기다렸다가 공격을 퍼부어 일본군을 상대로 대승을 거두었단다(**명량 대첩**).

삼도 수군통제사
임진왜란 때 경상도·전라도·충청도의 수군을 통솔하는 일을 맡아 보던 무관 벼슬이다.

장계(狀 문서 장, 啓 열다 계)
임금의 명령으로 지방에 내려가 있는 신하가 임금에게 중요한 일을 보고하는 문서이다.

죽고자 하면
살 것이고,
살려고 하면
죽을 것이다!

7년간의 전쟁이 막을 내리다

일본군은 철수하려고 하였지만 이순신은 전쟁을 일으키고 무고한 조선의 백성을 괴롭힌 일본군을 한 명도 살려 보내지 않겠다고 다짐하였어. 이에 철수하는 일본군과 노량 앞바다에서 최후의 결전을 벌였단다. 이순신은 전투 중 총에 맞았지만 군사들의 사기가 떨어질 것을 우려하여 이를 알리지 말 것을 당부하였지. 결국 조선 수군은 노량 해전에서 일본군을 크게 무찔렀고 이로써 임진왜란은 막을 내린단다.

싸움이 급하니 나의 죽음을 알리지 말라!

전쟁의 상처가 남은 조선과 변화하는 주변 나라

7년 동안이나 이어진 임진왜란은 조선, 일본뿐만 아니라 조선에 지원군을 보낸 명나라에까지 큰 영향을 미쳤단다.

조선 그중에서 가장 큰 피해를 입은 나라는 조선이었어. 전쟁으로 많은 사람이 죽거나 일본에 끌려갔단다. 또한 나라 전체가 전쟁터가 되었던 조선은 국토가 황폐해지면서 백성의 생활이 무척 힘들어졌어. 인구와 농사지을 땅이 줄어들면서 세금이 걷히지 않아 나라의 재정도 어려워졌지.

일본 일본은 전쟁 후 정권이 바뀌었단다. 도쿠가와 이에야스는 도요토미 히데요시의 아들을 몰아내고 새로운 막부 정권을 열었어. 그리고 조선에서 끌고 간 성리학자와 도공 등을 통해 많은 문화 발전을 이루었지.

명 조선에 대규모 지원군을 보낸 명나라는 내부의 정치적 혼란에 경제적 어려움이 겹치면서 국력이 크게 약해졌지. 이 틈을 타 만주 지역에서 여진이 성장하였단다.

정리해 보자! | 정유재란과 전쟁의 결과 |

❶ 정유년에 일본이 조선을 다시 침략한 전쟁을 ☐☐☐☐ 이라고 해.

❷ 이순신이 이끄는 조선 수군은 울돌목으로 불리는 ☐☐ 해협에서 일본에 크게 승리했어.

❸ 조선에 지원군을 보낸 ☐ 나라는 임진왜란 이후 국력이 크게 약해졌어.

1 다음 보기 의 내용을 일어난 순서대로 나열하시오. (   ) → (   ) → (   )

보기

㉠ 도요토미 히데요시가 죽자 일본군이 철수하였다.

㉡ 이순신이 없는 조선 수군은 칠천량에서 일본군과 싸웠지만 크게 패했다.

㉢ 옥에서 풀려난 이순신은 왕명을 받고 남해안으로 가서 다시 조선 수군을 이끌었다.

2 다음에서 설명하는 전투의 이름을 낱말 카드에서 골라 쓰시오.

| 노량 해전 | 진주 대첩 | 명량 대첩 | 한산도 대첩 |

(1) 이순신이 물살이 빠른 울돌목으로 일본군을 유인해 큰 승리를 거둔 전투야.

(   )

(2) 이 전투에서 이순신은 철수하는 일본군을 마지막까지 공격해 승리했지만 적군의 총에 맞아 전사했지.

(   )

한국사능력검정시험 기출

3 밑줄 그은 '이 전투'로 옳은 것은?   (   )

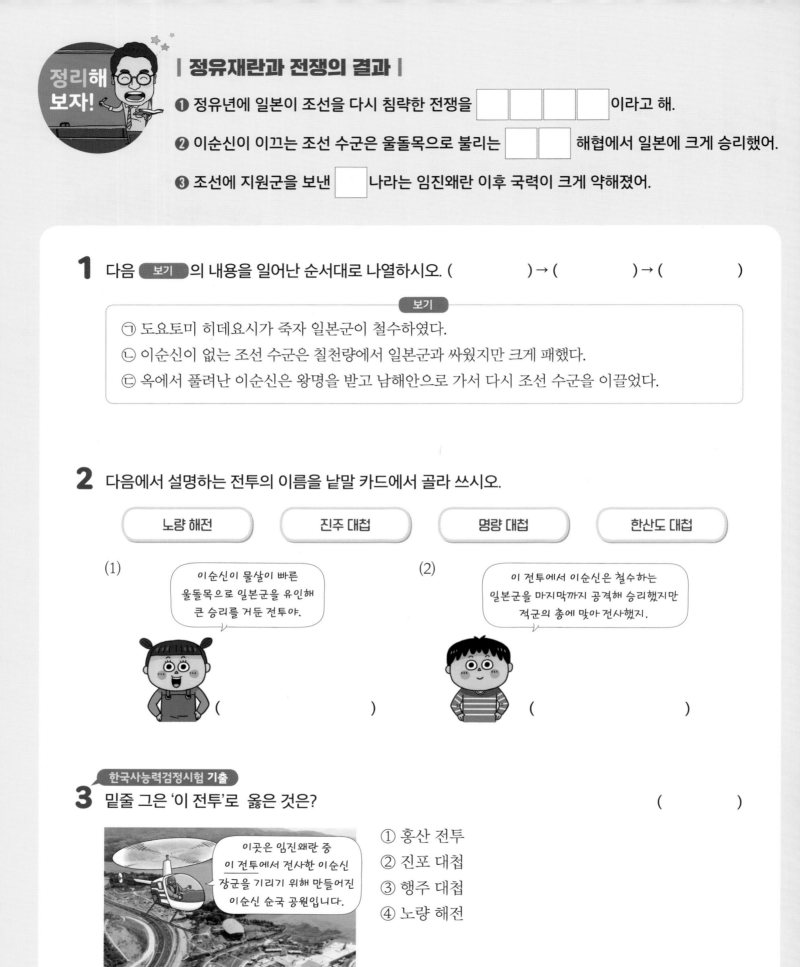

이곳은 임진왜란 중 이 전투에서 전사한 이순신 장군을 기리기 위해 만들어진 이순신 순국 공원입니다.

① 홍산 전투
② 진포 대첩
③ 행주 대첩
④ 노량 해전

오늘 나의 실력은?   확인

정답 확인

광해군은 조선을 일으키기 위해 어떤 노력을 하였을까?

 다음은 조선 시대의 문화유산을 소개한 것이다. 초성 힌트를 보고, 책을 엮어 만든 사람이 누구 인지 써 보자.

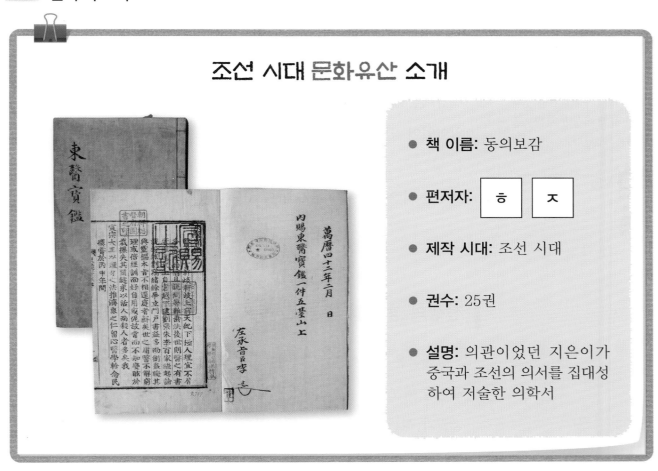

조선 시대 문화유산 소개

- **책 이름:** 동의보감

- **편저자:** ㅎ　ㅈ

- **제작 시대:** 조선 시대

- **권수:** 25권

- **설명:** 의관이었던 지은이가 중국과 조선의 의서를 집대성 하여 저술한 의학서

큰별쌤의 영상

유네스코는 인류가 보존·보호해야 할 문화나 자연 유산을 세계 유산으로 지정하여 보호 하는 역할을 하는 국제기구란다.

이러한 세계 기록 유산에 최초로 등재된 의학서가 바로 허준이 편찬한 『동의보감』이지.

임진왜란을 겪은 조선에는 아무것도 남지 않았어. 당장 먹고살 걱정을 해야 할 뿐만 아니 라 다양한 질병들까지 백성을 괴롭혔지. 그래서 광해군은 병에 걸렸을 때 우리 땅에서 나는 약초를 사용할 수 있도록 허준이 완성한 『동의보감』을 간행하도록 했어.

광해군이 임진왜란 이후 백성의 생활을 안정시키기 위해 어떤 정책을 펼쳤는지 알아보자.

광해군, 임진왜란 중 세자가 되다

둘째 아들인 광해군이 세자가 된 이유는 무엇이었나요?

'세자'는 현재의 왕을 이을 왕자를 부르는 말이야. 조선은 유교 이념을 바탕으로 건국되었잖아. 유교에서는 장자 상속이 원칙인데, 광해군은 둘째 아들이라 세자가 될 수 없었어. 그러나 전쟁이 일어나자 선조는 성격이 거칠었던 첫째 아들 대신 둘째 아들인 광해군을 세자로 책봉하였단다.

광해군은 선조의 둘째 아들로, 임진왜란이 일어나자 왕의 피란길에 세자로 책봉되었어. 전쟁이 일어나자 선조는 왕조 유지를 위해 세자를 책봉하고, 선조와 광해군은 각각 다른 곳에 머물렀단다.

선조가 일본군을 피해 의주에 머물러 있는 사이, 광해군은 강원도와 함경도 등지에서 의병을 모집하고 백성의 마음을 어루만지며 위로했어. 정유재란이 일어나자 전라도에서 군사를 모으고 군대 식량을 대어 주는 일을 맡기도 했지.

광해군은 전쟁 중 많은 공을 세웠지만, 세자의 지위를 유지하는 것은 어려운 일이었어. 임진왜란이 끝난 후 선조가 새로운 왕비 사이에서 아들인 영창 대군을 낳았고, 선조는 영창 대군을 세자로 책봉하고자 했거든. 그러나 영창 대군이 태어난 지 2년 만에 선조가 병으로 죽자, 광해군은 무사히 왕위에 오른단다.

전쟁의 상처를 이겨 내다

광해군은 전쟁에 따른 피해를 수습하기 위해 많은 노력을 기울였어. 나라의 재정을 확보하기 위해 토지 문서와 인구수를 정리했지. 또 임진왜란 과정에서 궁궐과 성곽이 불타 사라지자 창덕궁, 창경궁과 성곽을 다시 지었어. 그리고 광해군은 무엇보다 가난한 백성을 위해 세금 제도를 개혁했단다.

한편 백성이 오랜 전란으로 고통받자 선조는 허준에게 의학서를 편찬하도록 하였어. 허준이 연구한 의학서는 광해군 때 완성하여 편찬되었는데, 이것이 바로 『동의보감』이야.

 완성된 『동의보감』을 간행하여 질병으로 고통받는 백성을 보살피시오!

허준은 중국과 조선의 의학서 내용을 모두 담아 정리하고 자신의 경험까지 더해 『동의보감』을 편찬했어. 『동의보감』은 그 가치를 인정받아 의학서로는 최초로 유네스코 세계 기록 유산에 등재되기도 했단다.

명과 후금 사이에서 중립 외교를 펼치다

광해군이 왕위에 올라 전쟁의 피해를 복구하기 위해 힘쓰던 시기, 만주에서는 여진족이 세력을 키워 **후금**을 건국했어. 후금은 나라를 세운 후 중국 땅을 차지하기 위해 명을 침략했어.

쇠약해진 **명나라**가 후금에 대항하기 위해 **조선**에 군사 지원을 요청하자, 광해군은 큰 고민에 빠지게 되었단다. 왜냐하면 임진왜란이 일어났을 때 지원군을 보내 준 명나라에 은혜를 갚아야 하지만, 빠르게 성장하고 있는 후금과 관계가 틀어져 전쟁에 휘말릴 수도 있다고 생각했기 때문이야.

광해군은 고심 끝에 명나라에 군대를 지원하기로 결정해. 하지만 장군인 **강홍립**에게 1만여 명의 군대를 주며, 적극적으로 전투에 나서기보다는 상황에 따라 적절하게 대처하도록 지시하지.

> 명이 임진왜란 때 우리를 도와주었기 때문에 군사를 보내지만 상황을 잘 판단해 행동하시오!

후금과의 전투에서 패한 강홍립은 "이번 전투에 참여한 것은 어쩔 수 없는 선택이었다."라고 하며 후금에 항복했지. 이로써 조선은 후금과의 전쟁을 피할 수 있었어.

광해군은 명나라와 후금 사이에서 **중립 외교** 노선을 선택함으로써, 임진왜란으로 고통받았던 조선에 다시 전쟁이 일어나지 않도록 노력하였지.

후금

임진왜란 때 명나라가 조선을 지원했던 것 기억하지? 쇠퇴의 길에 접어들었던 명나라가 조선에 원군을 파견하느라 국운이 더욱 기울어진 틈을 타 여진의 누르하치는 만주 지역에서 부족들을 통합해 후금을 세웠단다. 그 후 후금은 나라 이름을 청으로 바꾸었지.

| 광해군의 중립 외교 |

❶ ☐☐☐ 은 임진왜란 중 세자로 책봉되었어.

❷ 광해군은 백성을 위해 허준이 완성한 『☐☐☐☐』을 간행하도록 하였어.

❸ 광해군은 명나라와 후금 사이에서 한 쪽의 편을 들지 않는 ☐☐☐☐ 를 펼쳤어.

---

1 다음 ㉠, ㉡에 들어갈 알맞은 나라의 이름을 쓰시오. ㉠: (   ), ㉡: (   )

> [㉠] 나라는 임진왜란에 참전한 결과 나라의 힘이 더욱 약해졌고, 이를 틈타 만주에서 여진족이 [㉡] 을 세우고 세력을 키워 나갔다. 이에 광해군은 세력이 약해진 [㉠] 나라와 강력해진 [㉡] 중 한 쪽의 편을 들지 않는 정책을 펴 나갔다.

2 다음 중 광해군의 대외 정책에 관해 바르게 설명한 사람의 이름을 쓰시오. (   )

4군 6진을 개척하였습니다.
연경

쓰시마섬을 토벌하였습니다.
지영

중립 외교를 펼쳤습니다.
원일

3 밑줄 그은 '나'에 해당하는 왕으로 옳은 것은? (   )

아버지인 선조의 뒤를 이어 왕위에 오른 나는 전쟁 피해를 복구하기 위해 노력하였고, 명과 후금 사이에서 중립 외교를 펼쳤지.

① 세종
② 중종
③ 광해군
④ 연산군

정답 확인

오늘 나의 실력은?   확인

정묘호란은 왜 일어났을까?

다음은 한국사 신문이다. 초성 힌트를 보고, 신문 기사 속에 등장하는 □□ 안에 들어갈 말을 써 보자.

한국사 신문

광해군, 왕위에서 쫓겨나다

서인 세력은 광해군의
영창 대군 살해와 인목 대비 폐위뿐만 아니라
중립 외교 정책이 유교 윤리에 어긋난다며
광해군을 왕위에서 끌어내리고
인조를 왕위에 올리는

ㅇ ㅈ 반정을 단행하였다.

광해군

광해군은 왕의
자리를 내놓고
물러나시오.

조선

인조

선조의 뒤를 이은 광해군은 전쟁을 피하기 위해 강성해진 후금과 쇠퇴한 명나라 사이에서 중립 외교 정책을 펼쳤지.
그러던 중 광해군이 신하들의 다툼에 휩쓸려 동생인 영창 대군을 귀양 보내 죽이고, 영창 대군의 어머니를 내쫓는 사건이 일어났어. 결국 광해군의 중립 외교 정책에 반발한 서인이 인조반정을 일으켰고, 광해군은 왕위에서 쫓겨났단다.
인조가 왕위에 오른 이후 서인과 인조는 광해군과는 다른 외교 정책을 펼친단다. 인조의 외교 정책과 그 결과를 우리 함께 자세히 살펴보자.

인조반정으로 광해군이 쫓겨나다

적장자(嫡 본처 **적**, 長 어른 **장**, 子 아들 **자**)
정식 부인이 낳은 첫째 아들을 의미한다. 조선 시대에는 왕위를 적장자가 잇는다는 원칙이 있었다.

적장자인 영창 대군이 존재하는 상황에서 광해군은 왕위에 올라서도 계속 불안을 느낄 수밖에 없었어. 서인 세력이 영창 대군을 지지하자 광해군은 영창 대군을 내쫓아 죽게 만들고, 그의 어머니인 인목 대비를 내쫓았지. 이러한 상황에서 광해군이 명나라와 후금 사이에서 실리를 택한 중립 외교를 펼치자 서인 세력은 크게 반발했어. 서인들은 광해군이 동생을 죽이고 어머니를 폐위시켰을 뿐만 아니라 조선을 도와준 명나라에 대한 의리를 저버렸다며, 광해군을 왕위에서 끌어내리고 인조를 새로운 왕으로 세웠지. 이를 **인조반정**이라고 해.

정묘년에 후금이 쳐들어오다

친명배금 정책
조선 인조 때 명나라와 친하게 지내고 후금을 멀리한 외교 정책을 말한단다. 주변 나라의 상황이 어떤지를 고려하기보다는 명과의 의리를 중요하게 여긴 정책이었지.

광해군을 몰아내고 왕위에 오른 인조와 서인은 **친명배금** 정책을 추진했어.

한편 인조반정 이후 **이괄의 난**이 일어났지. 이괄은 인조반정에 참여한 공신이었지만, 당시 정권을 장악한 다른 공신과 사이가 좋지 않았어. 이 공신들은 이괄의 아들이 반역을 일으키려 한다고 고발하며 이괄을 잡아들이려고 했지.

그러자 이괄은 자신이 이끌던 1만여 명의 군사를 이끌고 반란을 일으켜 한양을 점령하고 선조의 다른 아들을 왕위에 올리려고 했어. 하지만 부하들의 배신으로 이괄이 죽고, 반란군이 관군에 진압되면서 반란은 실패로 돌아갔단다.

그런데 이괄의 반란군 중에 살아남은 사람들이 후금으로 도망쳤어. 이들은 후금의 태종에게 광해군이 왕위에서 쫓겨났다고 알렸지. 마침 후금은 명나라를 공격하는 데 위협이 될 수 있는 조선을 침략할 기회를 엿보고 있었어.

이괄의 난이라는 구실이 있으니 조선을 쳐들어가라!

결국 후금이 정묘년에 조선을 침입하여 정묘호란이 일어났어. 조정에서는 각지에서 군사를 모으고 후금이 내려오는 길목에 군대를 보냈어. 인조와 신하들은 전쟁을 피해 강화도로 들어갔지. 각지에서 의병이 일어나 후금을 공격하자, 후금은 황해도에서 발이 묶여 한양으로 내려오지 못했단다.

▲ 정묘호란 당시 후금의 침입 경로

명나라와의 전쟁을 앞두고 있던 후금은 조선과 전면전을 치르는 것이 부담스러웠지. 이에 후금은 강화도로 사신을 보내 싸움을 그치고 화해를 하자는 뜻을 전했어. 이괄의 난에 이어 정묘호란으로 또다시 왕이 피란하는 상황이 이어지자, 조선 조정에서도 더 이상 전쟁을 이어가기 힘들었어. 그래서 조선이 항복하고, 곧이어 후금이 철수하면서 정묘호란은 막을 내린단다.

이로써 조선과 후금은 형제 관계를 맺었어. 즉 후금이 형의 나라, 조선이 아우의 나라가 되는 것이었지. 하지만 조선은 명나라와 몰래 관계를 지속했고, 이는 곧 더 큰 전쟁을 불러온단다.

후금이 형인 거다?
명나라 말고
우리랑 놀자!

조선이 아우입니다.
친하게 지냅시다.

조선이 동생이라니…….
사실 우리는
명나라 편이야!

후금과 조선의 화약 체결

| 인조의 외교 정책과 정묘호란 |

❶ ☐☐ 반정은 광해군이 동생을 죽이고 명에 대한 의리를 저버렸다는 명분으로 일어났어.

❷ 인조와 서인은 명나라와 친하게 지내고 후금을 배척한다는 ☐☐☐☐ 정책을 폈어.

❸ 후금이 조선을 침입하자 인조와 조정의 신하들은 ☐☐☐로 피신했어.

---

1 다음 정묘호란과 관련된 사건들을 순서대로 나열하시오. (　　　) → (　　　) → (　　　)

(가)
> 조선은 후금과 형제 관계를 맺었다.

(나)
> 후금이 군대를 보내 조선을 공격하였다.

(다)
> 인조와 신하들은 친명배금 정책을 추진하였다.

2 (가)에 들어갈 인물이 누구인지 쓰시오. (　　　　　　)

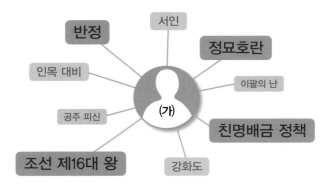

반정　　서인
인목 대비　　정묘호란
공주 피신　　이괄의 난
조선 제16대 왕　　(가)
강화도　　친명배금 정책

한국사능력검정시험 기출

3 다음 가상 뉴스 보도 이후에 전개된 사실로 옳은 것은? (　　　　)

> 도망친 이괄의 잔당 한윤 등이 후금에 투항한 것으로 밝혀졌습니다. 이들이 친명배금 정책을 펼치고 있는 조정을 비방할 경우 후금과의 심각한 외교적 마찰이 발생할 것으로 예상됩니다.

이괄의 잔당, 후금으로 도망쳐

① 정묘호란이 일어났다.
② 4군 6진이 개척되었다.
③ 기유약조가 체결되었다.
④ 천리장성이 축조되었다.

정답 확인　오늘 나의 실력은?　확인

2. 조선의 성립과 발전

병자호란은 왜 일어났을까?

 다음 그림은 병자호란 당시 인조가 삼전도에서 청 태종에게 항복하는 장면이다. 인조가 누구일지 동그라미 해 보고, 당시 조선의 상황을 생각해 보자.

병자호란 당시 조선은 청나라의 침입에 더 이상 버틸 힘이 없었어.
결국 당시 한성과 남한산성을 이어 주던 나루터인 삼전도에서 인조가 청 태종에게 절하고 머리를 조아리며 항복했지. 그림에서 청 태종 앞에서 무릎 꿇고 머리를 조아리고 있는 사람이 바로 인조란다.
인조는 항복하기 전까지 남한산성에 피신을 가 있었지.
병자호란은 왜 일어났으며, 남한산성에 포위된 채 저항하던 인조와 신하들이 결국 왜 항복하게 되었는지, 그 결과는 어땠을지 우리 함께 자세히 알아보자.

병자호란이 일어나다

정묘호란 이후 조선은 후금의 요구에 따라 많은 물자를 후금에 보냈어. 명과의 전쟁에서 우위를 차지한 후금은 조선에 더 많은 물자와 군사를 보낼 것을 요구하였지. 그뿐만 아니라 후금의 군사들은 국경을 침입하여 조선의 백성을 약탈하기도 했단다.

강성해진 후금은 조선에 형제 관계가 아닌 **임금과 신하의 관계**를 요구하기에 이르렀지. 조선에서 이를 받아들이지 않고 명과의 관계를 유지하자, 후금은 나라 이름을 **청**으로 바꾸고 다시 조선을 침략했어. 이것이 바로 **병자호란**이야.

청나라 태종은 13만여 명의 대군을 이끌고 직접 전쟁에 나섰어. 청나라의 군대는 압록강을 건너 빠르게 한양 근처까지 내려왔지. 청나라 군대의 빠른 남하에 급해진 조정에서는 왕실 사람들을 강화도로 옮겨 가도록 했어. 그리고 인조역시 그날 밤 한양을 빠져나와 강화도로 향했지만 이미 청나라 군대에 의해 강화도로 가는 길이 막혀서 어쩔 수 없이 **남한산성으로 피신**하였어.

남한산성

남한산성이 있던 지역은 지리적으로 중요한 곳이어서 통일 신라 때부터 큰 성이 있었다고 해. 인조는 즉위하자마자 남한산성을 쌓기 시작했지. 나라에 큰 일이 있을 때를 대비해 만든 곳이었어. 그래서 임시 수도의 기능을 할 수 있도록 종묘와 사직이 있는 행궁도 갖추고 있었단다.

남한산성에서 버티다

인조가 남한산성으로 들어가자, 청나라의 군대는 즉시 남한산성을 포위했어. 남한산성에는 성안 사람들이 겨우 50일을 견딜 수 있는 식량밖에 없었어. 포위된 남한산성을 구원하기 위해 전국 각지에서 관군이 올라왔지만, 모두 청나라에 패하였지.

한겨울 고립된 남한산성 안에서의 40여 일은 혹독했어. 식량과 땔감은 턱없이 부족했고, 성안 사람들 모두가 추위와 배고픔으로 어려움을 겪었단다. 이러한 상황이 이어지자 남한산성 안 조정에서는 최명길 등 청과의 화의를 주장하는 신하들과, 김상헌 등 청에 맞서 싸우자는 신하들의 논쟁이 벌어졌어.

오랑캐에 치욕을 당할 수 없습니다. 싸워야 합니다.

싸우면 반드시 망할 것입니다. 화의를 맺어야 합니다.

김상헌

최명길

삼전도에서 굴욕적인 항복을 하다

상황이 점점 안 좋아지자 청과 화의를 하고 전쟁을 끝내자는 주장이 힘을 얻었고, 조선은 결국 청나라에 항복한단다.

조선의 왕은 청에게 항복의 예를 갖추라!

인조는 청 태종에 항복 의식을 거행하기 위해 남한산성에서 나와 삼전도로 향했어. 말에서 내린 인조는 신하들이 지켜보는 가운데 청 태종을 향해 세 번 절하고 아홉 번 머리를 조아리는 여진족의 예를 행하고, 청나라와 임금과 신하의 관계를 맺었어.

이후 소현 세자와 봉림 대군, 두 왕자뿐만 아니라 많은 신하와 백성이 청에 인질로 끌려갔지. 그리고 조선은 청나라에 매년 많은 공물을 바쳐야 했으며 청나라가 원하면 군사를 보내야 했어.

전쟁 이후 조선 사회는 많은 변화를 겪었어. 의리와 명분을 외치며 광해군을 내쫓고 왕위에 올랐던 인조와 서인 정권은 제대로 싸워 보지도 못하고 오랑캐라고 부르던 청나라에 항복했지.

또한 외부의 침략이라는 위기 속에서 지배층은 백성을 보살피지 않고 자기 살길만 찾았단다. 더 이상 명분만 따지는 성리학으로는 조선을 지탱할 수 없게 된 거야. 임진왜란을 거쳐 병자호란까지 수십 년 동안 조선은 커다란 시련을 겪었고, 이를 극복하기 위한 과제가 조선에 남겨졌단다.

▲ 삼전도비
병자호란이 끝나고 세운 비석으로, 청에 대한 항복을 알리고 청 황제의 덕을 칭송하는 내용이 새겨져 있다.

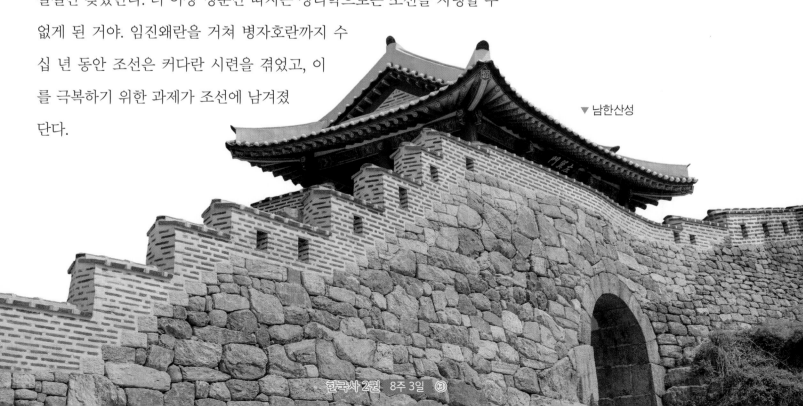

▼ 남한산성

| 병자호란의 발발과 결과 |

❶ 강성해진 후금은 나라 이름을 [　] 으로 바꾸고 조선에 군신 관계를 요구했어.

❷ 병자호란이 일어나자 인조와 신하들은 [　][　][　][　] 으로 들어갔어.

❸ 인조는 [　][　][　] 에서 청 태종에게 굴욕적인 항복을 했어.

---

1 다음 영화의 등장인물로 적절한 인물들을 보기 에서 모두 골라 기호를 쓰시오.　　　　　　　　　　(　　　　　　　　　　)

병자호란, 남한산성에서
45일간의 이야기

보기

㉠ 인조　　　㉡ 권율　　　㉢ 이순신
㉣ 김상헌　　㉤ 최명길　　㉥ 세종 대왕

2 다음 ㉠, ㉡에 들어갈 알맞은 문화유산을 쓰시오.　　㉠: (　　　　　　), ㉡: (　　　　　　)

답사 보고서
● 주제: 병자호란의 역사를 찾아서
● 관련 장소
- [　㉠　] : 병자호란이 일어나자 인조가 머무르며 청에 항전한 장소로, 유네스코 세계 유산으로 등재되어 있다.
- [　㉡　] : 청에 대한 조선의 항복을 알리고 청나라 황제의 공덕을 찬양한 비석이다.

한국사능력검정시험 **기출**

3 밑줄 그은 '전쟁' 중에 있었던 사실로 옳은 것은?　　　　　　　　　　　　　　(　　　　　　)

명은 우리에게 부모의 나라입니다. 청에 끝까지 맞서 싸워야 합니다.

전쟁을 지속하는 것보다 청의 요구를 받아들여 나라를 보존하는 것이 옳습니다.

① 화통도감이 설치되었다.
② 김시민이 진주성에서 항전하였다.
③ 인조가 남한산성으로 피란하였다.
④ 황룡사 구층 목탑이 불타 없어졌다.

왜란과 호란이 끝난 후 조선의 대외 관계는 어떻게 변화하였을까?

 다음은 효종이 아버지인 인조에게 보낸 가상 편지이다. 초성 힌트를 보고, 편지의 □□□ 안에 들어갈 말을 써 보자.

아버님,

어제 꿈에 아버님이 보여 이렇게 편지를 올립니다.

청나라가 침입한 이후 아버님께서 삼전도에서 치욕을

겪으셨던 것이 아직도 생생합니다.

병자호란 이후 신하들 사이에서 청을 공격하여

전쟁에서 패배한 부끄러움을 씻자는 ㅂ ㅂ ㄹ 이

등장하였습니다.

그래서 제가 왕이 되면 꼭 청에 복수하겠노라 다짐해 왔고,

마음이 맞는 신하들과 함께 준비를 하고 있습니다.

계획을 꼭 성공하여 아버님의 치욕을 씻겠습니다.

기다려 주세요.

북쪽 오랑캐를 정벌하자!!

큰별쌤의 영상

병자호란은 조선에 많은 상처를 남기고 끝났어. 인조는 삼전도에 나가 청 태종에게 세 번 절하고 아홉 번 머리를 조아리는 예를 행하고 군신 관계를 맺었으며, 소현 세자와 봉림 대군은 인질이 되어 청나라로 끌려갔거든.

이후 청나라는 중국 땅을 차지하며 더욱 강성해졌고, 일본은 도요토미 히데요시가 죽은 후 도쿠가와 이에야스가 새로운 정권을 세웠지. 이제 조선은 주변국의 상황이나 관계에 맞게 새로운 외교 정책을 펼쳐야 했어.

그럼 왜란과 호란을 겪은 후 조선의 대외 관계는 어땠는지 우리 함께 자세히 알아보자.

청나라에서 인조의 두 왕자가 돌아오다

청나라에 인질로 끌려간 인조의 두 아들은 명이 청에게 멸망한 뒤에야 조선으로 돌아왔단다.

소현 세자는 청에서 발전된 문물을 경험하고, 이를 조선에 들여와 조선을 변화시키고자 하였어. 인조는 이를 못마땅하게 생각하였을 뿐만 아니라, 청이 소현 세자를 지지하였기 때문에 아들을 의심하였단다. 결국 소현 세자는 알 수 없는 이유로 죽음을 맞게 되지.

청의 문물을 받아들여 조선도 강해지자!

청나라와 세자가 손을 잡고 나를 내쫓을지도 몰라!

소현 세자

인조

효종이 북벌 운동을 추진하다

소현 세자가 죽자 동생인 봉림 대군이 효종으로 즉위하였지. 효종은 아버지 인조의 뜻을 받들고 청나라에 복수하고 싶어 했어. 당시 조선은 오랑캐로 여긴 청과 군신 관계를 맺은 것을 치욕스럽게 생각하고 있었지. 이에 따라 병자호란으로 겪은 치욕을 갚아야 한다는 북벌론이 등장하였어. '북벌'은 북쪽의 청나라를 정벌하자는 주장이란다.

북벌을 준비하라!

효종

효종은 북벌을 추진하기 위해 군대를 늘리고 무기를 개발하였으며 성을 수리하였어. 하지만 중국 대륙을 장악하고 더욱 강성해진 청나라를 공격하기란 어려운 일이었어. 결국 효종이 일찍 세상을 떠나면서 북벌의 꿈은 접어야 했지.

청에 연행사를 파견하다

조선은 사대 관계에 따라 청의 도읍인 베이징에 연행사를 보냈어. 연행사 일행은 중국의 학자들과 만나 교류를 하였고, 서양 문물과 청의 과학 기술을 접하였지. 당시 청나라에는 서양 선교사들이 새로운 과학 기술로 제작된 서양 문물을 가지고 왔어.

정해진 시간이 되면 스스로 소리를 내는 자명종, 멀리 있는 별을 볼 수 있는 천리경 등은 청나라에 파견되었던 조선 사신들의 눈을 번쩍 뜨이게 하기에 충분했지. 이를 배경으로 조선의 발전을 위해 청의 발전된 모습과 서양의 기술을 배워야 한다는 북학 운동이 등장하기도 하였단다.

> **연행사**(燕 연나라 **연**, 行 다닐 **행**, 使 사신 **사**)
> 조선 후기 청나라에 보낸 조선 사신으로, 청나라의 도읍인 연경(베이징)에 간 사신이라는 의미로 '연행사'라고 하였다.

일본에 통신사를 다시 보내다

임진왜란 이후 조선과 일본은 교류가 끊어졌어. 하지만 새로운 정권을 연 일본은 조선 초부터 일본에 파견되었던 통신사를 다시 보내 달라고 요청했지. 통신사는 조선이 일본에 파견한 외교 사절단으로서, 외교적 역할뿐만 아니라 학문, 사상, 예술 등 문화 교류의 역할도 하였어.

통신사가 도착하면 일본의 무사, 문인, 서민 등 많은 사람의 관심을 받았다고 해. 통신사가 지나가는 길목에는 사람들이 구름처럼 몰려들어 통신사의 글, 그림, 시 등을 받으려 했다고 하니 그 인기가 참 대단했지?

선진 문물을 가지고 건너간 통신사는 일본의 문화 발전에 큰 영향을 끼쳤단다.

▲ 통신사 행렬도

| 효종의 북벌론, 왜란과 호란 이후 조선의 대외 관계 |

❶ 병자호란 이후 북쪽의 청나라를 정벌하여 치욕을 갚자는 주장인 [　][　][　]이 등장했어.

❷ 조선의 지식인들 사이에서는 청의 발달된 문물을 배우자는 [　][　] 운동도 일어났어.

❸ 임진왜란 후 일본은 조선에 [　][　][　]를 다시 보내 달라고 요청했어.

---

1 다음 (　) 안에 들어갈 알맞은 말에 ○표 하시오.

(1) 병자호란 이후 청으로 끌려갔던 봉림 대군은 왕으로 즉위한 후 (북벌 , 북학)을 주장하였다.

(2) 병자호란 이후 조선은 청의 도읍인 베이징에 (연행사 , 통신사)를 보냈다.

(3) 임진왜란 이후 일본의 무사 정권은 조선에 (연행사 , 통신사)를 파견할 것을 요청하였다.

2 다음은 통신사에 관해 발표한 것이다. ㉠, ㉡에 들어갈 알맞은 말을 쓰시오.

㉠: (　　　　　　　　　　), ㉡: (　　　　　　　　　　　　)

조선이 [㉠]에
보낸 사절단이에요.

[㉡] 이후
한동안 보내지 않았어요.

외교적 역할뿐만 아니라
문화 교류의 역할을 했어요.

한국사능력검정시험 기출

3 (가)에 들어갈 사절단으로 옳은 것은? (　　　　)

[(가)] 행렬 재현 축제

조선에서 일본에 보낸 외교 사절단을 만나 보세요!

20○○년 ○○월 ○○일 ~ ○○월 ○○일

장소	행사 내용
서울	사절단 임명 의식
영천, 부산	마상재 공연, 행차 의식
도쿄	국서 전달 의식

① 연행사
② 영선사
③ 통신사
④ 조사 시찰단

마무리 학습

도전! 한국사능력검정시험

조선은 왜란과 호란을 겪으면서 많은 아픔을 겪게 된단다.

왜란과 호란이 왜 일어났고, 조선은 이를 어떻게 극복하였는지 함께 알아보자!

임진왜란의 전개와 결과

배경	일본을 통일한 도요토미 히데요시가 한반도와 중국을 정복하려는 야욕을 가지고 조선을 침략함.
발발과 전개	일본군의 부산 상륙 ➡ 동래성 함락 ➡ 충주 함락 ➡ 선조의 의주 피란, 명에 지원군 요청 ➡ 일본군의 평양 점령, 함경도까지 북상

	수군	의병과 승병	관군	명나라의 지원
조선의 반격	*이순신이 이끄는 수군이 옥포 해전, 한산도 대첩 등에서 승리함.	*곽재우, 조헌 등의 의병과 유정(사명 대사) 등의 승병이 맞서 싸움.	김시민은 진주성에서, 권율은 행주산성에서 일본군을 크게 물리침.	조선을 이기고 명나라까지 쳐들어오는 피해를 막기 위해 전쟁에 참여함.

결과	휴전 협상이 결렬되자 일본이 또다시 전쟁을 일으킴(정유재란). ➡ 이순신이 이끄는 조선 수군이 *명량 해전에서 일본군을 물리침. ➡ 노량 해전에서 패한 일본이 물러나면서 전쟁이 끝남.

광해군의 중립 외교

광해군의 전후 복구 사업	광해군의 중립 외교	인조반정
• 토지와 인구를 조사하여 국가 재정 회복에 힘씀. • 『동의보감』을 간행하도록 함.	명의 세력이 약해지고 후금이 강성해지자 광해군은 두 나라 사이에서 중립 외교를 펼침.	광해군의 중립 외교를 반대하던 서인이 정변을 일으켜 광해군을 쫓아내고 인조를 왕으로 세움.

청의 침략과 결과

정묘호란	• 원인: 인조반정으로 집권한 서인이 친명배금 정책을 내세움. • 과정 및 결과: 후금이 조선을 침략하였고, 형제의 나라로 지내자는 약속을 하고 전쟁을 끝냄.
*병자호란	• 원인: 조선이 여전히 후금을 멀리하고 명과 가까이하자 나라 이름을 청으로 바꾼 후금은 조선을 다시 침략함. • 과정: 한성이 함락되고 인조는 남한산성에서 버텼으나 결국 청에 항복함. • 결과: 청과 조선은 군신 관계를 맺고, 조선의 많은 사람이 청에 인질로 끌려감.
효종의 *북벌론	청을 정벌하여 병자호란으로 겪은 치욕을 씻어야 한다는 주장을 바탕으로 효종이 북벌을 추진하였으나, 효종의 사망으로 실행에 옮기지 못함.

1 밑줄 그은 '이곳'을 지도에서 옳게 찾은 것은?

(   )

임진왜란 때 신립은 이곳의 탄금대에서 배수의 진을 치고 일본군에 맞서 싸웠으나 패배하였어요. 이후 일본군은 한양을 점령하였어요.

(가) 평양
(나) 충주
(다) 진주
(라) 동래

① (가)   ② (나)
③ (다)   ④ (라)

2 (가)에 들어갈 인물로 옳은 것은? (   )

이달의 역사 인물로 (가) 이 선정되었습니다. 그는 임진왜란 당시 행주산성에서 병사와 백성을 지휘하여 일본군을 물리쳤습니다.

이달의 역사 인물 선정

① 권율   ② 김시민
③ 강감찬   ④ 을지문덕

3 다음 가상 인터뷰의 주인공으로 옳은 것은?

(   )

오늘은 임진왜란 당시 의령에서 의병을 일으켰던 인물을 만나 당시의 활동을 들어 보겠습니다.

저와 의병들은 우리 지역의 지형을 잘 알고 있기에 이를 이용한 전술로 일본군에 맞서 싸울 수 있었습니다. 저는 항상 붉은 옷을 입고 의병을 이끌었기에 '홍의장군'이라고 불리기도 하였습니다.

① 계백   ② 윤관
③ 최무선   ④ 곽재우

4 (가)에 들어갈 내용으로 옳은 것은? (   )

한국사 퀴즈 대회

(가)

임진왜란 당시 이순신이 이끄는 조선의 수군이 사용한 배로, 갑판을 덮고 쇠못을 막아 적들이 쉽게 뛰어 오르지 못했던 돌격선은?

① 나룻배   ② 여객선
③ 거북선   ④ 판옥선

5 밑줄 그은 '이 전투'로 옳은 것은? (   )

이곳은 진도의 울돌목입니다. 임진왜란 당시 이순신은 이 전투에서 13척의 배로 일본군의 133척의 배에 맞서 싸워 승리를 거두었습니다.

① 홍산 전투   ② 진포 대첩
③ 행주 대첩   ④ 명량 대첩

6 (가) 전쟁 중에 있었던 사실로 옳지 <u>않은</u> 것은? (   )

역사 돋보기 🔍

조선의 도공, 일본 자기의 시조가 되다

1592년 일본의 침략으로 일어난 (가) 으로 많은 조선인 포로들이 일본에 끌려갔다. 이들 가운데는 도자기를 만드는 장인들도 많이 포함되어 있었다. 이삼평도 그중 한 사람으로, 아리타 지역이 일본의 대표적인 도자기 산지가 되는 데 크게 기여하였다.

▲ 이삼평 비

① 명나라가 지원군을 파병하였다.
② 소현 세자가 청에 인질로 끌려갔다.
③ 정문부가 함경도에서 의병을 이끌었다.
④ 이순신이 한산도 앞바다에서 승리하였다.

7 다음 탐구 주제에 관한 학생들의 대화 내용으로 옳은 것은? (   )

탐구 주제: 광해군의 대외 정책

② 동북 9성을 쌓았어.
③ 중립 외교를 펼쳤어.
① 4군 6진을 개척하였어.
④ 강동 6주를 획득하였어.

8 (가)에 들어갈 전쟁으로 옳은 것은? (   )

이곳은 남한산성으로, (가) 때 인조가 머무르며 청에 대항하던 곳입니다. 유네스코 세계 유산으로서 동아시아의 축성 기술을 잘 보여 주고 있습니다.

오늘 소개할 문화유산에 관해 설명해 주세요.

① 병자호란   ② 임진왜란
③ 삼포왜란   ④ 병인양요

다음은 한국사능력검정시험에 자주 출제되는 핵심 낱말을 뽑아 구성한
가로세로 퍼즐이다. 공부한 내용을 떠올리며 퍼즐을 완성해 보자.

가로 열쇠

❶ 임진왜란 당시 수군을 이끌었고 노량 해전에서 목숨을 잃었다.

❷ 임진왜란 당시 승병인 ○○ 대사는 전쟁이 끝난 후 일본에서 조선의 포로들을 데려왔다.

❸ 판옥선을 개조하여 갑판에 쇠못을 박아 만든 배이다.

❹ 병자호란이 일어나자 인조가 약 40일간 피신해 있던 곳이다.

❺ 정유년(1597년)에 일본이 다시 일으킨 전쟁이다.

❻ 도요토미 히데요시가 일본의 혼란기인 ○○ ○○를 통일하였다.

세로 열쇠

❶ 임진왜란 이후 일본 무사 정권의 요청에 따라 조선이 일본에 다시 파견한 사신이다.

❷ 임진왜란 당시 조선의 왕이다.

❸ 이순신이 학익진 전법을 펼쳐 일본 수군에 승리한 전투이다.

❹ 청나라의 황제가 직접 군대를 이끌고 1636년에 조선에 쳐들어온 전쟁이다.

❺ 인조가 남한산성에서 버티다가 나와 ○○○라는 나루터에서 청나라에 항복하였다.

❻ 진주성에서 관군을 이끌어 승리한 조선의 인물이다.

정답
확인

오늘 나의 실력은?   확인

바른답
알찬풀이

2권

고려~조선 전기

1주 1일

다음은 경상북도 안동시에서 해마다 정월 대보름에 벌어지는 차전놀이를 그린 그림이다. 차전 놀이 모습을 색칠해 보고, 이 안에 담겨 있는 이야기는 무엇일지 생각해 보자.

》정리해 보자!

❶ 후삼국   **❷** 고려   **❸** 발해

---

1 (1) ㉡ (2) ㉠ (3) ㉢

2 (가) → (다) → (라) → (나)

3 ①

---

1 (1) 견훤은 ㉡ 완산주에 후백제를 세우고, (2) 궁예는 ㉠ 송악에 후고구려를 세웠어요. (3) 궁예의 신하였던 왕건은 ㉢ 난폭해진 궁예를 몰아내고 고려를 세웠어요.

2 후삼국의 통일은 '(가) 왕건의 고려 건국(918년) → (다) 고창 전투에서 고려의 승리(930년) → (라) 경순왕의 항복으로 고려의 신라 통합(935년) → (나) 일리천 전투로 후백제 멸망, 후삼국 통일(936년)'의 과정으로 이루어졌어요.

3 ② 폭정을 일삼던 궁예가 왕위에서 쫓겨나고 왕건이 왕위에 오르게 되었어요. 왕위에 오른 왕건은 고려를 건국한 후, ③ 신라 경순왕의 항복과 ④ 일리천 전투에서 신검의 후백제군에 승리하며 후삼국을 통일하게 돼요. ① 고려 후기 최무선은 화약을 넣은 화포로 진포에서 왜구를 크게 물리쳤어요.

1주 2일

다음은 왕건의 결혼식이 열리고 있는 모습이다. 이날 결혼한 부인을 포함하여 왕건에게는 모두 몇 명의 부인이 있는지 세어 보고 빈칸에 알맞은 수를 써 보자.

> 저의 부인은 모두
> 29 명입니다.

》정리해 보자!

❶ 세금   **❷** 결혼   **❸** 훈요 10조

---

1 찬혁

2 (1) 1조 (2) 5조

3 ①

---

1 왕위에 오른 태조 왕건은 흑창을 설치해 빈민을 구제했고, 북진 정책을 통해 옛 고구려의 영토를 회복하려고 노력했어요. 주자감은 발해의 유학 교육 기관이에요.

2 태조 왕건은 「훈요 10조」를 만들어 나라를 잘 다스리기 위해 왕이 지켜야 할 가르침을 후대 왕들에게 전했어요. 그중 1조에는 불교를 중요시하는 왕건의 생각이 담겨 있고, 5조에는 북진 정책에 대한 왕건의 강한 의지가 담겨 있어요.

3 (가)는 고려를 세운 태조 왕건이에요. 그는 호족을 포섭하기 위해 결혼 정책을 펼쳤으며, 북진 정책을 통해 영토를 확장하였어요. 이 밖에도 왕건은 고려가 새로운 나라로서 기초를 마련하는 데 힘썼지요. 또한, 왕건은 죽기 전에 후대 왕들에게 왕이 지켜야 할 가르침 열 가지를 정리한 「훈요 10조」를 남겼답니다. ②는 조선을 건국한 태조 이성계, ③은 고려 광종, ④는 고려 공민왕의 업적이에요.

다음은 고려의 관리였던 쌍기가 광종에게 올린 상소문이다. 쌍기의 상소문 속 초성 힌트를 보고, □□□ 안에 들어갈 제도를 써 보자.

폐하께 쌍기가 건의 드립니다.

지금 고려는 호족의 힘이 강하여 왕권을 위협하고 있습니다.

왕권을 굳건히 하기 위해서는 공신이나 호족의 자제만을 관리로 채용할 것이 아니라 실력을 갖추고 왕에게 충성할 수 있는 신하를 뽑아야만 합니다.

그러기 위해 문장 솜씨와 유교 경전의 내용을 시험하는 ㄱ ㄱ ㅈ 를 실시하여 인재를 선발하는 것이 옳은 줄로 아뢰옵니다.

정답: 과 거 제

» 정리해 보자!

❶ 노비안검법　　　❷ 과거제　　　❸ 지방관

1 [예시 답안] 왕권을 강화하기 위해서이다.

2 시무 28조

3 ②

1 고려 광종은 호족의 힘을 눌러 왕권을 강화하려고 하였어요. 먼저 노비안검법을 실시하여 호족의 경제적·군사적 기반을 약화시켰고, 과거제를 실시해 능력에 따라 관리를 등용하였어요. 이에 호족들이 거세게 반발하자, 반발하는 호족에게 가혹한 벌을 내리며 왕권을 더욱 강화하였지요.

2 고려 성종은 왕위에 오른 후 관리들에게 당시의 정치에 대한 개혁안을 올리게 하였어요. 이때 최승로가 올린 개혁안이 바로 「시무 28조」예요.

3 고려 성종은 최승로의 「시무 28조」를 받아들여 유교를 통치 이념으로 삼고 국가 체제를 정비하였어요. 성종은 전국 각지에 12목을 설치하고 지방관을 파견해 지방 세력을 통제하였지요. 또한, 중앙 통치 기구는 당나라의 제도를 참고하여 2성 6부로 정비하였어요.

다음은 잇따른 반란으로 위기를 맞게 된 고려 사회의 모습이다. 힌트를 보고, 이자겸을 찾아 동그라미, 묘청을 찾아 세모 해 보자.

힌트 ❶ 붉은색 관복을 입은 이자겸은 왕을 가두라고 군사들에게 명령하고 있다.
❷ 승려 묘청은 서경에 대위국이라는 새로운 나라를 세웠다.

» 정리해 보자!

❶ 문벌　　　❷ 이자겸　　　❸ 서경

1 ㉠

2 (1) × (2) ○ (3) ○

3 ②

1 문벌 귀족에게 주어진 특권은 ㉠ 음서제예요. 고려의 문벌 귀족들은 음서제를 통해 과거 시험을 보지 않고도 높은 관직을 차지하였고, 권력을 이용해 넓은 토지를 차지함으로써 풍요로운 생활을 누렸어요.

2 묘청은 인종에게 (2) 고구려의 옛 도읍인 서경으로 도읍을 옮기자고 주장했어요. 그리고 (3) 고려의 왕을 황제라 칭하고 독자적 연호를 사용할 것을 건의하였어요. 하지만 개경을 중심으로 형성된 문벌 귀족들이 자신들의 권력을 지키기 위해 서경 천도를 반대하자, 묘청은 서경에 나라를 세우고 반란을 일으켰어요. 그러나 묘청의 반란은 김부식과 관군에 의해 진압되었지요. (1) 군사를 동원해 궁궐을 불태우고 인종의 자리를 넘본 것은 이자겸이에요.

3 이자겸은 고려 시대의 대표적인 문벌 귀족으로, 자신의 딸들을 왕과 거듭 결혼시킴으로써 높은 권력을 유지하였어요.

다음은 고려 왕의 무덤을 지키기 위해 세운 문신과 무신 조각상이다. 키트를 보고, 윗단과 아랫단의 조각상 중 무신 조각상은 무엇인지 동그라미 해 보자.

> 키트
> ❶ 무신은 지금의 군인을 말한다.
> ❷ 고려 시대에는 문신들이 무신들보다 높은 지위에 올랐다.

》정리해 보자!

❶ 무신 정변   ❷ 최충헌   ❸ 만적

----

1 (1) × (2) ○ (3) ○

2 교정도감

3 ③

1 고려에서는 문신을 중심으로 정치가 운영되어 문신이 정치 권력을 독점하였고, 심지어 군대의 최고 지휘관까지 문신이 차지하였어요. 무신은 문신으로부터 차별 대우를 받았고, 하급 군인은 봉급도 제대로 받지 못한 채 온갖 잡역에 시달렸어요. 차별받던 무신들은 불만이 커지자 문신들을 제거하고 무신 정변을 일으켰지요. (1) 의종과 함께 잔치와 놀이를 즐긴 것은 문신들이었어요.

2 최충헌은 자신의 권력을 유지하기 위해 교정도감이라는 권력 기구를 만들었어요. 처음에는 반대하는 세력을 감시하는 역할을 하였지만, 점차 국가의 중요한 일을 처리하는 최고 권력 기관이 되었어요.

3 제시된 지도에 나타난 만적, 망이·망소이, 김사미, 효심은 무신 집권기에 봉기를 일으킨 사람들이에요. 무신 정변 이후 무신들이 권력을 잡게 되면서 정치가 혼란해지고, 신분 질서가 어지러워졌어요. 또한, 지배층의 과도한 수탈로 백성의 삶이 어려워졌지요. 이에 전국 각지에서는 농민과 천민이 봉기하게 되었어요.

》도전! 한국사능력검정시험

1 ②   **2** ①   **3** ④   **4** ②

5 ③   **6** ①   **7** ④   **8** ②

1 후삼국의 통일 과정

후삼국 통일의 과정에서 일어난 사건을 순서대로 나열하면 '(나) 고려 건국 → (가) 고창 전투 → (다) 후백제 멸망'이에요. 고려를 건국한 태조 왕건은 신라와는 좋은 관계를 유지했지만, 후백제와는 대립했어요. 고려는 후백제와의 공산 전투에서는 패배했지만, 이후 고창 전투에서는 승리해 후삼국을 통일할 수 있는 바탕을 마련했어요. 신라의 경순왕은 스스로 고려에 항복했고, 다음 해 일리천 전투에서 고려가 신검의 후백제군을 멸망시키며 후삼국 통일을 완성하였답니다.

2 고려 태조 왕건의 업적

인물 카드의 주인공은 고려를 세운 태조 왕건이에요. 왕건은 후대 왕들에게 「훈요 10조」를 남겼어요.

> **왜 답이 아닐까?** ② 천리장성은 거란의 침입 이후 고려 덕종 때 쌓기 시작했어요. 고구려도 중국의 침입을 막기 위해 천리장성을 쌓았지요. ③ 삼정이정청은 조선 후기에 삼정의 문란을 바로잡기 위해 설치되었어요. ④ 조선을 건국한 이성계는 도읍을 한양으로 정하였어요.

3 고려 광종의 업적

쌍기의 건의를 받아들여 과거제를 실시하고 독자적인 연호를 사용한 왕은 광종이에요. 또한 호족 세력을 약화시키기 위해 노비안검법을 실시하여 억울하게 노비가 된 사람들을 양인 신분으로 되돌려 주었어요.

> **왜 답이 아닐까?** ① 4군 6진을 개척한 왕은 조선 세종이에요. ② 백제는 고구려에 의해 한성이 함락된 후 문주왕 때 도읍을 웅진으로 옮겼어요. ③ 2성 6부제를 마련한 왕은 고려 성종이에요.

> **자료 더 보기** **쌍기**
>
> 쌍기는 중국 후주 사람이었습니다. 광종은 쌍기의 재주를 높이 사 그의 건의에 따라 과거제를 시행하였습니다. 광종은 과거제를 통해 자신에게 충성할 수 있는 인물들을 뽑을 수 있었고, 이는 왕권의 강화로 이어졌습니다.

4 고려 성종의 업적

최승로의 시무 28조를 채택하고, 12목을 설치하여 지방관을 파견한 왕은 고려 성종이에요.

왜 답이 아닐까? ① 태조는 고려를 건국한 왕이에요. ③ 충렬왕은 고려 원 간섭기의 왕이에요. ④ 공민왕은 원 간섭기에 즉위한 왕으로, 원의 세력이 약화되자 고려를 다시 일으켜 세우기 위한 개혁 정책을 펼쳤어요.

5 고려의 문벌 귀족

고려 전기의 지배층으로, 여러 대를 거치며 고위 관리를 배출한 가문을 문벌이라고 불러요. 문벌은 과거와 음서를 통해 관직을 독점했지요. 이들은 왕실이나 세력이 비슷한 문벌과 혼인 관계를 맺어 권력을 더욱 확대했어요. 특히 경원 이씨 가문의 이자겸은 자신의 딸들을 예종과 인종에게 시집보내며 최고의 권력을 누렸답니다.

왜 답이 아닐까? ① 6두품은 신라의 골품제에서 성골, 진골 다음의 신분이에요. ② 권문세족은 원 간섭기에 등장한 지배층이었어요. ④ 신진 사대부는 고려 후기에 등장해 조선을 건국한 정치 세력이에요.

6 묘청의 난

수도를 개경에서 서경으로 옮기려고 하고, 금나라와 싸워 영토를 넓히자고 주장한 세력은 묘청을 비롯한 서경파예요. 이들은 자신들의 주장이 받아들여지지 않자 묘청이 중심이 되어 반란을 일으켰어요. 그러나 김부식이 이끄는 관군에 의해 진압되어 반란은 실패로 끝나고 말았어요.

왜 답이 아닐까? ② 이자겸의 난은 왕실의 외척으로 막강한 권력을 가졌던 이자겸이 왕이 되기 위해 일으킨 반란이에요. ③ 홍경래의 난은 조선 후기 평안도 지역에 대한 차별과 지배층의 수탈에 저항하여 일어난 반란이에요. ④ 원종과 애노의 난은 신라 말 지배층의 수탈에 저항하여 일어난 반란이에요.

7 무신 정변의 배경

젊은 문신 한뢰가 나이가 많은 무신 이소응의 뺨을 친 장면과 정중부가 문신의 관을 쓰고 있는 자를 모두 죽이라고 명령하는 장면은 모두 보현원에서 일어난 무신 정변과 관련 있어요.

왜 답이 아닐까? ① 을미사변은 조선 후기 명성 황후가 일본 낭인과 군인들에게 시해된 사건이에요. ② 갑신정변은 조선 후기 급진 개화파가 일으킨 정변이에요. ③ 임오군란은 조선 후기 신식 군대에 비해 차별 대우를 받던 구식 군인들이 봉기한 사건이에요.

8 만적의 난

장군과 재상의 씨가 따로 있느냐고 주장하며 최충헌을 비롯한 주인을 없애고 노비 문서를 태우자고 하는 것을 보아 만적의 난이라는 것을 알 수 있어요. 만적의 난은 무신 집권기에 일어났어요.

왜 답이 아닐까? ① 만적의 난은 실제로 봉기하기 전에 계획이 발각되었어요. ③ 만적의 난은 개경에서 일어났어요. ④ 청의 군대에 의해 진압된 사건은 조선 후기 임오군란과 갑신정변 등이 있어요.

》키워드 숨은 낱말 찾기

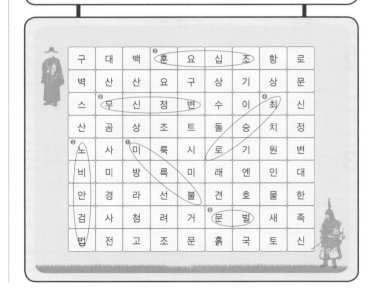

구	대	백	훈	요	십	조	항	로
벽	산	산	요	구	상	기	상	문
스	무	신	정	변	수	이	최	신
산	곰	상	조	트	돌	승	치	정
노	사	미	룩	시	로	기	원	변
비	미	방	륵	미	래	엔	인	대
안	경	라	선	불	견	호	물	한
검	사	첨	려	거	문	벌	새	족
법	전	고	조	문	흙	국	토	신

✏️ 다음은 고려와 거란(요), 여진을 나타낸 지도이다. [낱말 카드]에 있는 지역을 지도에서 모두 찾아 동그라미 해 보자.

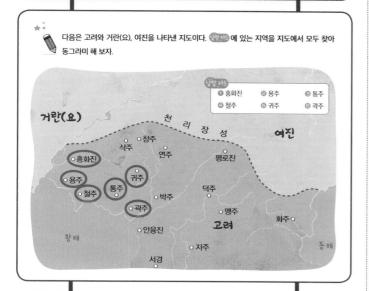

》정리해 보자!

❶ 북진 ❷ 서희 ❸ 강동

---

1 [예시 답안] 거란이 같은 민족인 발해를 멸망시켰기 때문이다. / 북진 정책을 추진하는 데 걸림돌이 될 수 있기 때문이다.

2 ㉠: 고구려, ㉡: 여진

3 ①

---

1 태조 왕건은 같은 민족인 발해를 멸망시킨 거란에 대해 적대적인 정책을 펼쳤어요. 하지만 더 큰 이유는 고려가 북진 정책을 추진하는 데 북방 민족인 거란이 걸림돌이 되었기 때문이랍니다.

2 대화를 나누고 있는 인물은 거란의 소손녕과 고려의 서희예요. 소손녕이 군대를 이끌고 고려를 침입하자, 서희는 소손녕과 담판을 벌였어요. 담판을 통해 서희는 고려가 고구려를 계승한 나라임을 내세우고, 여진이 차지하고 있는 압록강 동쪽의 강동 6주를 주면 송과 교류하지 않겠다고 약속하였지요.

3 서희는 거란이 침입하자 소손녕과 외교 담판을 벌여 강동 6주를 획득하였어요. ② 고려의 윤관은 별무반을 이끌고 여진을 정벌해 동북 9성을 쌓았어요. ③ 고구려 영양왕 때 을지문덕은 살수에서 수나라 군대를 크게 물리쳤어요. ④ 고려 공민왕은 쌍성총관부를 공격해 원에 빼앗겼던 철령 이북의 땅을 되찾았어요.

✏️ 다음 그림은 고려가 오랜 기간 거란과 싸우다 큰 승리를 거둔 귀주 대첩의 모습이다. 전투에서 활약을 한 강감찬 장군을 색칠해 보자.

》정리해 보자!

❶ 개경 ❷ 귀주 대첩 ❸ 천리장성

---

1 양규, 강감찬

2 (나) → (가) → (다)

3 ①

---

1 양규는 거란의 2차 침입 때 물러나는 거란군을 공격해 많은 고려인 포로들을 구출하였어요. 강감찬은 거란의 3차 침입 때 귀주에서 거란군을 크게 물리쳤어요.

2 거란의 2차 침입 당시 개경을 빼앗기고 현종이 나주까지 피란을 가는 등 위기를 겪었으나 (나) 양규의 활약으로 많은 고려인 포로들을 구하였어요. 이후 3차 침입 당시 (가) 강감찬이 귀주에서 거란군을 크게 물리쳤어요. 거란의 침입을 물리친 후 (다) 고려는 거란과 여진의 침입을 막기 위해 압록강에서 동해안까지 국경을 따라 천리장성을 쌓았어요.

3 귀주에서 거란의 3차 침입을 물리친 인물은 강감찬이에요. ② 서희는 거란의 1차 침입 당시 소손녕과 담판을 벌여 강동 6주를 획득하였어요. ③ 윤관은 별무반을 이끌고 여진을 정벌하여 동북 9성을 쌓았어요. ④ 정중부는 무신 정변을 일으킨 인물이에요.

✏️ 다음 그림은 윤관이 여진을 물리친 이후의 일을 그린 「척경입비도」이다. 돋보기 을 찾아 동그라미 해 보자.

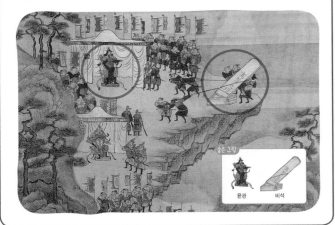

윤관   비석

》 정리해 보자!

❶ 별무반   ❷ 동북   ❸ 금

---

1 예리

2 (라) → (다) → (나) → (가)

3 ①

---

1 별무반은 윤관의 건의로 여진을 정벌하기 위해 만든 특수 부대였어요. 별무반은 신기군, 신보군, 항마군으로 구성되었지요. 배중손을 중심으로 몽골에 저항한 부대는 삼별초였어요.

2 (라) 고려 초 여진은 고려를 부모의 나라로 섬기며 토산물을 바쳤어요. 그러다 12세기 초 여진의 세력이 커지면서 고려와 충돌하게 되었지요. (다) 윤관은 별무반을 이끌고 여진을 정벌해 동북 9성을 쌓았어요. (나) 이후 여진은 금을 세우고 고려에 형제 관계를 제의했고, (가) 금이 요(거란)를 정벌한 뒤에는 고려에 군신 관계를 강요하였어요.

3 (가) 인물이 별무반을 이끌고 있다는 내용을 통해 윤관임을 알 수 있어요. 윤관은 별무반을 이끌고 여진족을 정벌한 후 동북 9성을 쌓았어요. ② 서희는 거란의 1차 침입 때 담판을 통해 강동 6주를 확보하였어요. ③ 고려 공민왕은 쌍성총관부를 공격하여 원에 빼앗겼던 영토를 되찾았어요. ④ 거란의 3차 침입 당시 강감찬은 귀주에서 거란군을 크게 물리쳤어요.

✏️ 다음 그림은 고려와 몽골군의 충주성 전투 모습을 그린 것이다. 전투를 이끈 김윤후가 노비 문서를 불태우는 모습을 찾아 동그라미 해 보자.

》 정리해 보자!

❶ 강화도   ❷ 노비   ❸ 삼별초

---

1 예시답안 강화도는 개경에 가까워서 방어하기에 좋았고, 물살이 빠르고 갯벌이 넓어 몽골군이 침략하기 어려운 지역이었기 때문이다. 또한, 섬의 면적이 넓어 많은 사람이 지낼 수 있었으며 뱃길로 육지의 세금과 각종 물건을 옮길 수 있었기 때문이다.

2 ㉢

3 ④

---

1 몽골의 1차 침입 이후, 고려 조정은 개경에서 강화도로 도읍을 옮겼어요. 강화도는 개경에 가까워서 방어하기에 좋았고, 해안의 지형이 험해서 몽골군이 침략하기 어려웠어요. 또한, 많은 사람이 지낼 수 있었으며 뱃길로 육지의 세금과 각종 물건을 옮길 수 있었어요.

2 고려 조정이 개경 환도를 결정하자 배중손은 삼별초를 이끌고 몽골에 대한 항전을 이어 갔어요. ㉠ 조선 세종 때 최윤덕과 김종서가 4군 6진을 개척하였어요. ㉡ 거란의 1차 침입 때 서희가 담판을 통해 강동 6주를 확보하였어요. ㉢ 임진왜란 당시 행주산성에서 권율의 지휘 아래 일본군을 크게 물리쳤어요.

3 제시된 편지는 강화도 천도 후 몽골과의 전쟁을 치르던 시기에 쓰였어요. 당시 몽골의 3차 침입으로 황룡사 구층 목탑이 불타 없어졌지요.

다음은 우리나라 전통 혼례의 모습을 그린 그림이다. 힌트를 보고, 고려에 전해진 몽골의 풍습을 두 가지 찾아 동그라미 해 보자.

❶ 원래 '고고'라고 부르는 몽골 여자들의 외출용 모자였다.

❷ 몽골 여자들이 결혼할 때 악귀를 쫓기 위해 이마와 볼에 찍는 붉은색 화장이다.

》정리해 보자!

❶ 충   ❷ 정동행성   ❸ 권문세족

---

1 (1) ○ (2) × (3) ○

2 (1) ㉠ (2) ㉡

3 ③

1 원 간섭기에 (1) 고려의 왕세자는 왕이 되기 전까지 원에서 머물러야만 했고, 원의 공주와 결혼해야 왕이 될 수 있었어요. (3) 원은 고려에서 특산물을 거두어 갔고, 환관과 공녀 등 많은 사람을 끌고 갔어요. (2) 황제국을 자처하던 고려는 원의 사위 나라가 되자, 왕실에서 사용하던 호칭을 쓰지 못하였어요. 이에 따라 '폐하'는 '전하'로, '태자'는 '세자'로 낮추어 부르게 되었답니다.

2 원 간섭기 고려에서 유행한 몽골의 여러 풍습을 '몽골풍'이라고 해요. 반대로 원나라에도 고려 사람들이 많이 살면서 고려의 문화가 유행하기도 하였는데, 이를 '고려양'이라고 해요.

3 몽골식 복장이 유행하고 원에 공녀가 끌려간 시기는 원 간섭기예요. 원 간섭기에 원에 기대어 권력을 누린 권문세족은 대규모 토지를 소유하였어요. ① 상평통보는 조선 후기에 사용되었어요. ② 고구마와 감자는 조선 후기부터 널리 재배되었어요. ④ 청해진에서 무역이 활발하게 이루어진 시기는 통일 신라 시대예요.

다음은 공민왕이 원으로부터 되찾은 영토를 나타낸 지도이다. 공민왕이 되찾은 고려의 영토를 색칠해 보자.

원(몽골)

강계 장진 갑주 길주

의주

안북부

화주
(쌍성총관부)

서경

황해

고려가 공민왕 때 되찾은 영토예요.

동해

개경

고려

》정리해 보자!

❶ 공민왕   ❷ 신진 사대부   ❸ 신흥 무인

---

1 ㉢, ㉣

2 최무선

3 ④

1 공민왕은 원이 점차 쇠퇴하자, 원의 간섭에서 벗어나기 위해 개혁을 추진하였어요. ㉠ 기황후의 오빠 기철은 대표적인 친원 세력으로, 공민왕은 왕권 강화를 위해 기철 일파를 숙청하였어요. ㉡ 공민왕은 정동행성의 일부 기능을 폐지하였어요.

2 원의 간섭과 왜구의 침입 속에서 최무선은 강력한 무기를 개발하는 일이 곧 나라의 힘을 기르고 나라를 지키는 일이라고 생각하였어요. 이에 최무선은 20여 년 동안 노력해 화약 개발에 성공하였고, 화통도감을 설치해 무기를 만들었어요. 고려는 여러 가지 화포로 1380년 진포에서 왜구를 크게 물리쳤어요.

3 왕비가 노국 공주라는 것과 몽골식 풍습을 금지하였다는 것을 통해 (가)는 공민왕이라는 것을 알 수 있어요. 공민왕은 원이 직접 다스리던 쌍성총관부를 공격하여 철령 이북의 땅을 되찾았어요. ① 훈요 10조를 남긴 왕은 태조 왕건이에요. ② 쓰시마섬 정벌은 고려 창왕 때, 그리고 조선 세종 때 이루어졌어요. ③ 지방에 12목을 설치한 왕은 고려 성종이에요.

1 서희의 업적

거란의 1차 침입 당시 서희는 거란의 장수 소손녕과 담판을 벌여 거란의 80만 대군이 스스로 물러가게 하였고, 압록강 동쪽의 강동 6주를 확보했어요.

왜 답이 아닐까? ① 윤관은 별무반을 이끌고 여진족을 정벌한 후 동북 9성을 쌓았어요. ② 조선 세종 때 최윤덕과 김종서가 4군 6진을 개척하였어요. ④ 고려 창왕 때 박위가, 조선 세종 때 이종무가 쓰시마섬을 정벌하였어요.

2 강감찬의 업적

거란의 3차 침입 당시 귀주에서 거란군을 크게 물리친 귀주 대첩을 이끌었던 인물은 강감찬이에요.

왜 답이 아닐까? ① 윤관은 별무반을 이끌고 여진을 정벌하였어요. ③ 김윤후는 몽골의 침입 당시 처인성에서 몽골 장수 살리타를 사살하였어요. ④ 최무선은 화약 제조법을 익히고 화통도감 설치를 건의하여 화포를 개발하였어요. 이후 여러 가지 화포로 진포 대첩에서 왜구를 물리쳤어요.

3 별무반

고려가 기병이 강한 여진에 여러 번 패하자, 윤관의 건의로 기병 부대, 보병 부대, 승병 부대로 구성된 별무반이 만들어졌어요. 윤관은 별무반을 이끌고 여진을 정벌한 후 동북 9성을 쌓고 고려의 영토로 삼았어요.

왜 답이 아닐까? ① 별기군은 강화도 조약 이후 조선 정부가 창설한 신식 군대예요. ③ 삼별초는 원래 최씨 무신 정권의 사병이었으나, 무신 정권이 무너지고 몽골과의 강화로 고려 조정이 개경으로 환도하자 배중손의 지휘 아래 몽골에 끝까지 항쟁한 부대예요. ④ 장용영은 조선 정조 때 왕권을 뒷받침하기 위해 설치한 친위 부대예요.

자료 더 보기 별무반의 구성

별무반은 윤관의 건의로 여진을 정벌하기 위해 조직된 특수 부대였습니다. 별무반은 기병 부대인 신기군, 보병 부대인 신보군, 승병 부대인 항마군으로 이루어졌습니다.

4 김윤후의 업적

김윤후는 고려 시대의 승려 출신 장수로, 처인성에서 몽골군 대장 살리타를 죽이고 몽골군을 물리쳤어요. 이후 충주성에서는 사람들에게 "공을 세우면 귀천을 가리지 않고 관직을 내릴 것이다."라고 하며 노비 문서를 불태웠어요. 이에 백성들이 죽음을 무릅쓰고 싸워 몽골군을 물리쳤어요.

왜 답이 아닐까? ① 몽골의 1차 침입 때 박서는 귀주성에서 몽골군의 공격을 끝까지 막아 냈어요. ② 거란의 1차 침입 때 고려의 서희는 담판을 벌여 강동 6주를 얻었어요. ③ 거란의 3차 침입 때 강감찬이 지휘한 고려군이 귀주 대첩에서 거란군을 크게 물리쳤어요.

5 삼별초의 항쟁

몽골의 침입을 받자 고려는 강화도로 도읍을 옮겨 항전하였으나 결국 몽골과 강화를 체결하였어요. 이후 고려 조정이 개경으로 환도하자 삼별초는 강화도에서 진도, 진도에서 탐라(제주)로 옮겨 가며 항전을 계속하였어요.

자료 더 보기 삼별초의 이동 경로

6 원 간섭기 고려의 모습

② 상평통보는 조선 후기에 사용된 화폐로, 원 간섭기 고려의 모습에 해당하지 않아요.

왜 답이 아닐까? ① 원 간섭기에는 몽골식 머리(변발), 몽골식 옷(철릭), 몽골어 등 몽골풍이 유행하였어요. ③ 원은 고려에 조공을 무리하게 요구하였어요. 특히 젊은 여자들이 원에 많이 끌려갔는데, 이들을 '공녀'라고 해요. ④ 원과의 관계를 배경으로 권력을 얻은 정치 세력을 권문세족이라고 하였는데, 이들은 대토지를 소유하여 경제적 부를 누렸어요.

7 **고려 공민왕의 업적**

변발과 호복 등 몽골풍을 금지한 왕은 공민왕이에요. 공민왕은 원의 세력이 약해지자 원에 맞서는 개혁 정책을 실시하여 고려의 자주성을 되찾고자 하였어요.

왜 답이 아닐까? ① 훈요 10조를 남긴 왕은 고려 태조 왕건이에요. ② 노비안검법을 실시한 왕은 고려 광종이에요. ③ 지방에 12목을 설치한 왕은 고려 성종이에요.

자료 더 보기 **공민왕의 개혁 정책**

공민왕은 몽골식 머리나 옷 등 몽골풍을 금지하였고, 쌍성총관부를 공격하여 철령 이북의 땅을 되찾았으며, 친원 세력이었던 기철 일파를 숙청하였습니다. 또한, 승려 신돈을 등용하고 전민변정도감을 설치하였습니다. 이를 통해 권문세족이 불법으로 차지한 땅을 원래 주인에게 돌려주고, 억울하게 노비가 된 사람들을 양인으로 해방시켜 주었습니다.

8 **최무선의 활약**

화약 개발에 성공한 최무선은 화약과 무기를 만드는 관청인 화통도감을 설치하고, 여러 가지 화포를 만들어 진포 대첩에서 왜구를 크게 격퇴하였어요.

왜 답이 아닐까? ② 거란의 3차 침입을 막아 낸 후 고려는 천리장성을 축조하여 국경의 경비를 강화하였어요. ③ 고려 말 창왕과 조선 초 세종 때에 왜구의 근거지인 쓰시마섬을 정벌하였어요. ④ 고려 말 명나라가 고려가 되찾은 철령 이북의 땅을 요구하였어요. 이에 고려는 요동 정벌을 추진하였지요.

》키워드 숨은 낱말 찾기

서	희	윤	관	신	진	사	대	부
제	촌	산	요	나	성	기	상	문
주	무	신	권	문	세	족	별	신
강	근	관	조	트	돌	승	기	천
노	화	미	개	시	로	기	군	민
비	미	도	로	경	치	귀	인	변
안	별	라	선	불	주	사	물	정
검	무	첨	감	대	장	벌	귀	도
법	반	고	첩	문	흙	국	토	감

다음은 고려의 국제 무역항인 벽란도의 모습이다. **숨은 그림**에 있는 고려의 대표적인 수출품을 찾아 동그라미 해 보자.

숨은 그림
인삼　금·은　나전 칠기　종이와 먹　화문석

》정리해 보자!

❶ 송　　　❷ 코리아　　　❸ 은병

----

1 (1) ㉡ (2) ㉠

2 (1) × (2) ○ (3) ○ (4) ○

3 ②

1 여진 상인은 고려에서 농기구, 곡식 등을 수입하였고, 은, 모피, 말 등을 수출하였어요. 일본 상인은 유황과 수은을 고려에 가져와 곡식, 인삼, 서적 등과 바꾸어 갔어요.

2 (1) 고려에서는 건원중보, 해동통보 등 금속 화폐가 만들어졌어요. 고려는 다른 나라와 무역을 할 때 주로 은병을 사용하였어요. 나라 안에서는 화폐의 사용을 늘리려고 하였지만, 일반 백성들은 여전히 화폐 대신 쌀이나 옷감을 사용하였지요.

3 고려 시대에는 예성강 하구의 벽란도에서 국제 무역이 활발하게 이루어졌어요. ① 당항성은 지금의 화성 지역에 위치했던 항구로, 신라가 한강 유역을 차지한 후 중국과 직접 교역하는 항구로 사용하였어요. ③ 울산항은 신라의 국제 무역항으로, 아라비아 지역의 상인들이 왕래하기도 하였어요. ④ 청해진은 통일 신라 시대 장보고가 완도에 설치한 해상 기지예요.

✎ 다음은 고려 시대의 대표적인 불교 행사를 그린 그림이다. 불교 의식은 물론 다양한 종교와 사상이 어우러졌던 이 행사의 이름은 무엇인지 초성 힌트를 보고, ☐☐☐ 안에 들어갈 말을 써 보자.

ㅍ ㄱ ㅎ

≫ 정리해 보자!

❶ 양인   ❷ 노비   ❸ 연등회

---

1 ㉡

2 소은

3 ②

1 고려는 양인과 천인으로 나뉜 신분제 사회로, 양인의 대부분은 백정이라고 불리는 농민으로 이루어졌어요. 고려 시대에서는 백정이 일반 농민을 가리키는 말이었지만, 조선 시대에는 가축을 도축하는 일을 하는 천민을 가리키는 말이었어요.

2 고려 시대에는 일부일처제가 일반적이었고, 가정에서 남자와 여자는 대등한 위치에 있었어요. 그래서 부부는 각자 자신의 재산을 가지고 있었고, 재산을 상속할 때도 아들과 딸에게 똑같이 나누어 주었어요.

3 고려의 팔관회는 불교와 도교 및 민간 신앙이 어우러진 고려 최대의 종교 행사였어요. 이 행사에서는 다른 나라의 사신과 상인들도 왕을 알현하고 가져온 선물을 바치기도 하였어요. 특히 상인들은 행사에 참여해 각지에서 온 귀족들을 대상으로 장사를 하여 많은 이익을 남기기도 하였지요. ② 고창(안동) 전투는 고려의 태조 왕건이 후백제를 크게 물리친 전투로, 이 전투에서 유래한 것은 차전놀이예요.

✎ 다음은 고려 시대에 있던 국청사라는 절을 그린 그림이다. 법당 앞에서 사람들에게 부처의 가르침에 대해 강의하고 있는 승려를 찾아 동그라미 해 보자.

≫ 정리해 보자!

❶ 지눌   ❷ 안향   ❸ 삼국사기

---

1 (1) × (2) ○ (3) ○

2 삼국유사

3 ①

1 고려 시대에 불교는 국가의 지원을 받아 크게 발전하였어요. 이에 따라 (1) 왕실은 물론 일반 백성도 불교를 널리 믿었어요. (2) 태조 왕건은 개경에 많은 절을 세우고 연등회와 팔관회 등 불교 행사를 크게 열 것을 당부하였고, (3) 광종은 과거제에 승과를 설치하여 승려를 뽑기도 하였어요.

2 일연의 『삼국유사』는 고려가 몽골에 항쟁하던 시기에 저술된 역사서예요. 일연은 불교와 관련된 전설, 설화, 풍속 등을 수집하여 『삼국유사』에 실었고, 단군을 우리 민족의 시조로 기록하였어요.

3 왕자 출신으로 승려가 되어 천태종을 개창한 인물은 의천이에요. 의천은 나라의 최고 승려인 국사의 자리에 올라 대각 국사라는 시호를 받았어요. ② 혜초는 신라의 승려로, 인도와 중앙아시아 지역을 여행하고 돌아와 『왕오천축국전』을 지었어요. ③ 원효는 신라의 승려로, 일심과 화쟁 사상을 중심으로 불교의 대중화에 힘썼어요. ④ 묘청은 고려의 승려로, 서경 천도를 주장하였다가 받아들여지지 않자 반란을 일으켰어요.

다음은 고려 시대에 만들어진 높이 약 18 m의 논산 관촉사 석조 미륵보살 입상이다. 고려 시대에 이렇게 거대한 불상을 만든 이유는 무엇일지 생각하며, 불상을 색칠해 보자.

》정리해 보자!

❶ 통일 신라　　❷ 불화　　❸ 주심포

---

1 예시 답안 백성이 거대한 불상을 보며 고려 왕실에 믿음과 존경심을 가지도록 하기 위하여 만들었다.

2 배흘림기둥

3 ②

1 충청남도 논산시에 있는 논산 관촉사 석조 미륵보살 입상은 우리나라에서 가장 큰 석불 입상으로, 높이가 약 18 m에 이른답니다. 고려 왕실은 백성이 불상을 보며 고려 왕실에 믿음과 존경을 가지도록 하기 위해 논산 관촉사 석조 미륵보살 입상과 같은 거대한 불상을 만들었다고 해요.

2 고려 때 만들어진 영주 부석사 무량수전은 역사성과 예술성이 높은 목조 건물로, 배흘림기둥이 아름답기로 유명해요.

3 고려 시대 원나라 탑 양식의 영향을 받아 대리석으로 제작된 탑은 경천사지 십층 석탑이에요. ① 감은사지 삼층 석탑은 통일 신라 시대의 탑이에요. ③ 월정사 팔각 구층 석탑은 고려 전기에 만들어진 탑으로 다각 다층 탑의 모습을 잘 보여 줘요. ④ 화엄사 사사자 삼층 석탑은 통일 신라 시대의 탑으로, 탑의 네 귀퉁이를 받치는 사자가 조각되어 있어요.

다음은 고려 귀족들이 청자로 만든 생활용품을 사용하는 모습이다. 청자의 신비한 푸른빛을 상상하며 청자로 만든 생활용품을 색칠해 보자.

》정리해 보자!

❶ 상감 청자　　❷ 귀족　　❸ 나전 칠기

---

1 ㉡

2 ㉢

3 ②

1 고려청자는 고려 시대의 대표적인 예술품으로, 우리 조상들의 기술을 바탕으로 중국의 기술이 더해져 크게 발전하였어요. ㉠ 고려청자는 은은하고 신비한 푸른빛이 유명하였어요. ㉡ 고려청자는 만들기가 어렵고 가치가 높아서 왕실과 귀족들이 주로 사용하였어요.

2 고려의 나전 칠기는 옻칠한 가구나 함, 그릇 등에 조개껍데기를 이용해 화려하게 장식한 공예품으로, 고려의 대표적인 수출품이었어요.

3 표면에 그림을 그려서 파낸 자리에 다른 색의 흙을 메워 유약을 발라 굽는 기법은 청자의 상감 기법에 대한 설명이에요. 고려에서는 독창적인 상감 기법을 이용한 상감 청자가 제작되었어요. ① 미송리식 토기는 청동기 시대의 토기예요. ③ 분청사기는 고려 말부터 제작된 도자기로, 회색 흙에 흰색 흙으로 무늬를 넣어 만들었어요. ④ 푸른색 안료를 이용해 장식한 청화 백자는 조선 시대부터 제작되었어요.

다음은 고려 인쇄 문화의 우수성을 알 수 있는 팔만대장경판을 만드는 과정이다. 그림과 설명을 보고 팔만대장경판을 만드는 순서대로 빈칸에 알맞은 번호를 써 보자.

① 나무를 잘라 바닷물에 2년간 담가 두기

⑤ 글자를 새긴 목판을 한 장씩 찍어 보고 틀린 글자 골라내기

④ 일정한 크기로 잘라 글자 새기기

③ 바람이 잘 드는 그늘에서 1년간 말리기

② 나무를 알맞은 크기로 자른 뒤 소금물에 삶기

⑥ 귀퉁이를 구리판으로 마감하고 옻칠을 해 보관하기

》정리해 보자!

❶ 초조　　　❷ 금속 활자　　　❸ 직지심체요절

1 예시 답안 고려 사람들은 부처의 힘으로 몽골의 침입을 이겨 내고자 대장경을 다시 만들었다.

2 (1) × (2) × (3) ○ (4) ○

3 ④

1 고려는 거란의 침입을 부처의 힘으로 막기 위해 초조 대장경을 만들었으나 몽골의 침입으로 불에 타 없어졌어요. 그러자 고려는 부처의 힘을 빌려 몽골의 침입을 이겨 내고자 다시 팔만대장경을 만들었어요.

2 합천 해인사 팔만대장경판은 목판 8만여 장에 5천만 자가 넘는 글자를 새겼어요. 그럼에도 불구하고 글자가 고르고 틀린 글자도 거의 없다고 해요. (1) 합천 해인사 팔만대장경판은 현재 경상남도 합천군에 있는 해인사에 보관되어 있어요. (2) 대장경판은 글자를 모두 목판에 새겨 하나의 목판으로 글자를 찍어 내요. 금속으로 만들어져 쉽게 마모되지 않고 보관이 쉬운 것은 금속 활자에 대한 설명이에요.

3 오늘날 전해지는 금속 활자 인쇄본 가운데 가장 오래된 것은 『직지심체요절』이에요. ①『경국대전』은 조선의 기초가 되는 법전이에요. ②『농사직설』은 조선 초기 우리나라의 실정에 맞는 농법을 정리한 농서예요. ③『동의보감』은 조선 중기 허준이 편찬한 의학 서적이에요.

》도전! 한국사능력검정시험

1 ②　　　**2** ③　　　**3** ③　　　**4** ②

5 ④　　　**6** ②　　　**7** ③

1 고려의 국제 무역항, 벽란도

고려 시대에는 개경 근처의 예성강 하구에 위치한 벽란도가 국제 무역항으로 번성하여 여러 나라의 상인이 드나들었어요.

왜 답이 아닐까? ① 당항성은 현재의 경기도 화성에 있던 항구로, 신라가 삼국을 통일한 후 이곳을 통해 당과 직접 교류하였어요. ③ 울산항은 신라의 국제 무역항으로, 일본과 아라비아 상인들도 왕래하였어요. ④ 청해진은 통일 신라 시기 장보고가 완도에 설치한 해군 기지예요.

2 고려의 화폐

건원중보와 은병은 고려 시대의 화폐예요. 고려 시대에는 벽란도를 중심으로 국제 무역이 활발하게 이루어졌으며 송에 주로 나전 칠기, 인삼, 화문석 등을 수출하였어요.

왜 답이 아닐까? ① 대동법은 조선 광해군 때 처음 시행되었어요. ② 모내기법은 조선 후기에 전국적으로 보급되었어요. ④ 감자와 고구마는 조선 후기부터 재배되었어요.

3 고려 시대의 사회 모습

고려 시대의 '백정'은 일반 농민을 말해요. 조선 시대부터 백정이 도축업에 종사하는 천민을 일컫는 말이 되었어요.

왜 답이 아닐까? ① 고려 시대에 불교는 고려 왕실의 보호와 후원을 받으면서 크게 발전하였어요. 이에 따라 대규모 종교 행사로 연등회와 팔관회 등이 성대하게 열렸어요. ② 고려 시대에는 남녀가 평등한 관계를 유지하여 아들과 딸 모두 부모의 제사를 모실 수 있었어요. ④ 고려에서 왕족이나 공신, 고위 관리의 자식은 음서를 통해 과거 시험을 보지 않고도 관직에 오를 수 있었어요.

고려는 신라와 같은 신분제 사회였지만, 신라와는 다르게 신분이 상승할 수 있는 기회가 어느 정도 열려 있었습니다. 향리는 과거를 통해 관료가 될 수 있었고, 군인은 공을 세우면 무신이 될 수도 있었습니다. 또한, 천인 가운데 돈을 모아 노비의 신분에서 해방된 사람들도 드물게 있었습니다.

4　의천의 업적

인물 카드의 주인공은 의천이에요. 고려 문종의 넷째 아들이었던 의천은 교종을 대표하는 인물로, 천태종을 개창하였어요.

왜 답이 아닐까? ① 신라의 원효는 무애가라는 노래를 지어 불교를 전파하였어요. ③ 신라의 의상은 영주 부석사를 비롯해 많은 사찰을 건립하였어요. ④ 혜초는 인도와 중앙아시아 지역을 여행하고 돌아와 『왕오천축국전』을 저술하였어요.

5　고려 시대 불상의 특징

우리나라에서 가장 큰 석조 불상으로, 개성 있는 지방색을 잘 보여 주는 고려 시대의 불상은 논산 관촉사 석조 미륵보살 입상이에요.

왜 답이 아닐까? ① 경주 석굴암 본존불상은 통일 신라 시기에 만들어진 불상이에요. ② 서산 용현리 마애 여래 삼존상은 백제의 불상이에요. ③ 경주 배동 석조 여래 삼존 입상은 신라의 불상이에요.

▲ 논산 관촉사 석조 미륵보살 입상　　▲ 하남 하사창동 철조 석가여래 좌상　　▲ 영주 부석사 소조 여래 좌상

6　상감 청자의 특징

초벌구이한 자기에 무늬를 새기고 흰색이나 붉은색 흙으로 무늬를 메운 후, 유약을 발라 다시 구운 청자는 상감 청자예요.

왜 답이 아닐까? ① 청화 백자는 조선 시대에 만들어진 자기예요. ③ 화문석은 고려의 특산품으로, 왕골에 물을 들여 엮은 돗자리예요. ④ 나전 칠기는 옻칠을 한 나무에 조개껍데기를 정교하게 붙여 장식한 공예품이에요.

7　고려의 인쇄술

고려 시대에 청주 흥덕사에서 간행된 『직지심체요절』은 오늘날 전해지는 세계에서 가장 오래된 금속 활자 인쇄본이에요.

왜 답이 아닐까? ① 『경국대전』은 조선 통치의 기준이 된 최고의 법전이었어요. ② 『칠정산』은 조선 때 천문 관측 기술의 발달로 만들어진 역법서로, 내·외편으로 구성되어 있어요. ④ 『삼강행실도』는 조선 세종 때 유교적으로 본받을 사람의 이야기를 글과 그림으로 엮어 만든 책이에요.

》키워드 낱말 퍼즐

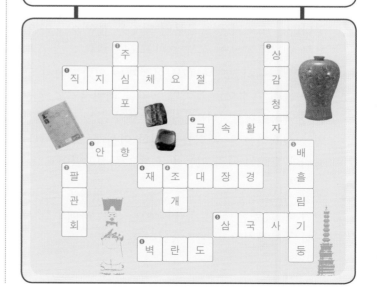

5주 1일

다음은 이성계가 우왕에게 보낸 편지를 재구성해 본 것이다. 초성 힌트를 보고, 편지 속의 ☐☐☐ 안에 들어갈 말을 써 보자.

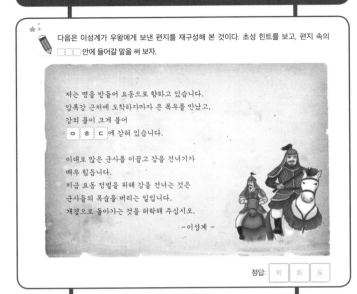

저는 명을 받들어 요동으로 향하고 있습니다.
압록강 근처에 도착하자마자 큰 폭우를 만났고,
강의 물이 크게 불어
[ㅇ][ㅎ][ㄷ]에 갇혀 있습니다.

이대로 많은 군사를 이끌고 강을 건너기가
매우 힘듭니다.
지금 요동 정벌을 위해 강을 건너는 것은
군사들의 목숨을 버리는 일입니다.
개경으로 돌아가는 것을 허락해 주십시오.

-이성계-

정답: [위][화][도]

》정리해 보자!

❶ 신진 사대부   ❷ 위화도   ❸ 과전법

1 정몽주, 정도전, 조준 등

2 (가) → (나) → (다)

3 ③

1 신진 사대부는 고려 말에 공민왕의 개혁 정책을 도우면서 성장하였어요. 이들은 권문세족을 비판하였고, 고려 사회의 개혁을 주장하였지요. 대표적인 신진 사대부로는 정몽주, 정도전, 조준 등이 있어요.

2 명나라는 고려가 원으로부터 되찾은 철령 이북의 영토를 요구하였어요. 이에 우왕은 이성계를 보내 요동 정벌을 단행하였으나, (가) 이성계는 위화도에서 군사를 돌려 개경으로 돌아와 우왕을 폐위시키고 정권을 장악하였어요. (나) 신진 사대부와 손을 잡고 과전법을 실시하는 등 개혁을 추진한 이성계는 이후 (다) 왕위에 오르고 나라 이름을 조선으로 정하였어요.

3 조준, 정도전 등 이성계와 손을 잡고 개혁을 추진하고자 한 세력은 신진 사대부예요. 신진 사대부는 성리학을 사상적 기반으로 삼았어요.

5주 2일

다음 지도를 보고 내가 조선을 건국한 왕이 되었다면 어디를 수도로 정할지 별을 색칠해 보고, 그 이유를 생각해 보자.

》정리해 보자!

❶ 한양   ❷ 종묘, 사직단   ❸ 정도전

1 ㉡, ㉣

2 ㉠: 사직단, ㉡: 종묘, ㉢: 숭례문

3 ②

1 이성계는 한양을 조선의 수도로 정하였어요. 한양은 한반도의 중앙에 위치하고 한강이 흘러 교통이 편리하였어요. 산으로 둘러싸여 있어 외적의 침입을 막기에 유리했고, 한양 가까이 넓은 평야가 있어 농사를 짓기에도 좋았어요.

2 한양으로 수도를 정한 후 조선은 경복궁 동쪽에 종묘를, 서쪽에 사직단을 먼저 지었어요. 역대 왕과 왕비의 신주를 모시고 제사를 지내는 곳은 종묘이고, 땅의 신과 곡식의 신에게 제사를 지내는 곳은 사직단이에요. 이 둘을 합쳐 '종묘사직'이라고 하지요. 한편 한양 도성 남쪽 문은 '禮(예의 예)' 자가 들어간 숭례문이라고 이름을 붙였어요.

3 위화도 회군을 단행하고 조선을 건국한 인물은 이성계예요. 이성계는 조선을 세운 후 수도를 한양으로 옮겼어요. ① 4군 6진은 조선 세종 때 개척되었어요. ③ 삼정이정청은 조선 철종 때 설치되었어요. ④ 노비안검법은 고려 광종 때 실시되었어요.

다음은 조선 시대의 신분증인 호패이다. 호패에 어떠한 정보가 적혀 있는지 살펴보고, 나만의 호패를 만들어 보자.

》정리해 보자!

❶ 호패법　　　❷ 집현전　　　❸ 경국대전

1 (가): 태종, (나): 세조

2 홍문관

3 ④

1 왕자의 난으로 왕위에 오른 태종은 왕권을 강화하기 위해 노력하였어요. 신하들이 가지고 있던 사병을 없애 군사권을 장악하였고, 16세 이상의 모든 남자에게 일종의 신분증인 호패를 차도록 하는 호패법을 시행하였어요. 한편 단종을 몰아내고 즉위한 세조는 집현전과 경연을 폐지하고, 직전법을 실시하였으며, 『경국대전』 편찬을 시작하였어요.

2 성종은 세조 때 폐지된 집현전을 계승하여 홍문관을 설치하였어요. 이곳에서 왕실 서적을 관리하고, 정책과 학문을 연구하도록 하였어요.

3 태종은 왕권 강화를 위해 왕족과 공신들이 가지고 있던 사병을 없애고 군사권을 장악하였어요. ① 균역법을 시행한 왕은 조선 후기의 영조예요. ②『경국대전』을 완성한 왕은 성종이에요. ③ 수원 화성을 건설한 왕은 조선 후기의 정조예요.

다음 지도는 조선 시대의 지방 행정 구역이다. 초성 힌트를 보고, 낱말 카드 에서 각 지역의 이름을 골라 써 보자.

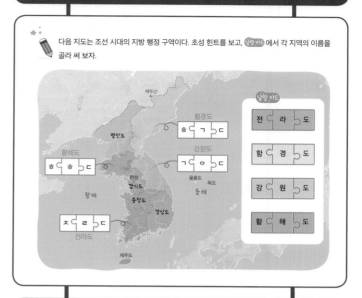

》정리해 보자!

❶ 의정부　　　❷ 관찰사　　　❸ 무과

1 경기도, 황해도, 평안도, 함경도, 강원도, 경상도, 전라도, 충청도

2 (1) 잡과 (2) 문과의 대과 (3) 무과

3 ①

1 태종 때는 나라를 효과적으로 다스리기 위해 전국을 8도로 나누고 각 도에 관찰사를 보내 그 지역을 다스리도록 하였어요. 8개의 도는 경기도, 황해도, 평안도, 함경도, 강원도, 경상도, 전라도, 충청도였어요.

2 조선 시대의 과거는 문과, 무과, 잡과로 나뉘어요. 이 가운데 문과는 소과와 대과로 나뉘어 시험이 치러졌어요. 대과는 소과를 합격한 사람이 볼 수 있었는데, 과거 시험에서 '문과'라는 것은 대과를 의미해요. 한편 무관이 되려면 무과 시험을 치러야 했어요. 그리고 의관이 되기 위한 시험인 의과는 잡과에 해당해요.

3 세조 때 만들기 시작하여 성종 때 완성된 조선의 기본 법전은 『경국대전』이에요. 이 법전은 백성을 다스리는 데 기준이 되었을 뿐만 아니라 유교적 사회 질서를 유지하는 데 중요한 역할을 하였어요.

다음 지도에는 조선 초기에 넓힌 영토가 포함되어 있다. 넓힌 부분을 색칠해 보고, 오늘날의 국경선과 비교해 보자.

≫ 정리해 보자!

❶ 사대, 교린　　　　❷ 4군 6진　　　　❸ 쓰시마

----

1 (1) 사대　(2) 교린

2 (1) ㉠　(2) ㉢　(3) ㉡

3 ②

1 조선 전기의 외교 정책은 '사대교린'에 바탕을 두었어요. 명나라와는 사대 관계를 유지하였고, 여진 및 일본과는 교린 관계를 유지하였어요.

2 조선 초기 북방의 여진이 국경 지역을 자주 약탈하였어요. 이에 세종은 압록강 지역에 최윤덕을 파견하여 4군을 설치하고, 두만강 지역에 김종서를 파견하여 6진을 설치하였어요. 한편, 이종무를 보내 왜구의 근거지였던 쓰시마섬을 정벌하기도 하였어요.

3 조선 세종 때 최윤덕과 김종서가 여진을 정벌하여 4군 6진을 개척하였어요. 이로써 조선의 영토는 압록강과 두만강 유역까지 확장하였어요. ① 통일 신라 시대 장보고가 완도에 해상 기지인 청해진을 설치하였어요. ③ 고려 시대 거란의 1차 침입 때 서희가 소손녕과 담판을 통해 강동 6주를 획득하였어요. ④ 고구려 광개토 대왕 때 요동 지방까지 진출하였어요.

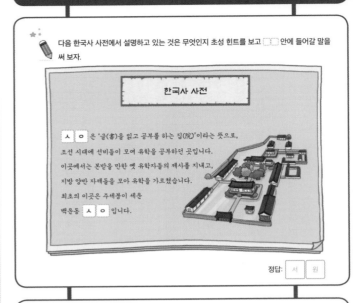

다음 한국사 사전에서 설명하고 있는 것은 무엇인지 초성 힌트를 보고 ▢ 안에 들어갈 말을 써 보자.

한국사 사전

ㅅ ㅇ 은 '글(書)'을 읽고 공부를 하는 집(院)'이라는 뜻으로, 조선 시대에 선비들이 모여 유학을 공부하던 곳입니다.

이곳에서는 본받을 만한 옛 유학자들의 제사를 지내고, 지방 양반 자제들을 모아 유학을 가르쳤습니다.

최초의 이곳은 주세붕이 세운 백운동 ㅅ ㅇ 입니다.

정답: 서　원

≫ 정리해 보자!

❶ 사화　　　　❷ 서원　　　　❸ 동인, 서인

----

1 ㉣

2 (다) → (가) → (나) → (라)

3 ③

1 사림은 조선 건국 때 지방으로 내려온 신진 사대부의 학문을 계승하였어요. 이들은 성종 때부터 본격적으로 중앙 정계에 진출하여 주로 3사에서 일하며 훈구 세력의 부정과 비리를 비판하였지요. ㉣ 세조가 왕위에 오를 때 공을 세운 공신은 훈구예요.

2 사림이 화를 입은 사화는 '무오사화, 갑자사화, 기묘사화, 을사사화' 순으로 일어났어요. 무오사화와 갑자사화는 연산군 대에, 기묘사화는 중종 대에, 을사사화는 명종 대에 일어났어요.

3 밑줄 그은 '이것'은 서원이에요. 서원은 이름 높은 유학자의 제사를 지냈으며 향촌 양반의 자제들을 대상으로 성리학을 교육하였어요. ① 조선 시대에는 전의감에서 의학 교육을 관장하였어요. ② 중앙에서 훈도가 파견된 교육 기관은 향교예요. ④ 유학부와 기술학부를 편성하여 교육한 교육 기관은 고려 시대의 국자감이에요.

》도전! 한국사능력검정시험

| 1 ④ | 2 ② | 3 ② | 4 ① |
| 5 ④ | 6 ① | 7 ① | |

1 이성계의 업적

위화도 회군으로 정권을 잡고 조선을 건국한 인물은 이성계예요. 이성계는 조선 건국 이후 수도를 개경에서 한양으로 옮겼어요.

왜 답이 아닐까? ① 직전법을 실시한 왕은 세조예요. ② 훈민정음을 창제한 왕은 세종이에요. ③ 『경국대전』을 완성한 왕은 성종이에요.

2 정도전의 업적

한양 도성을 설계하고 『조선경국전』을 편찬한 인물은 정도전이에요. 정도전은 조선 건국에 큰 공을 세웠으나 왕자의 난을 일으킨 이방원에게 죽임을 당하였어요.

왜 답이 아닐까? ① 김부식은 고려 시대 문신으로 『삼국사기』를 저술하였어요. ③ 정몽주는 고려 후기 신진 사대부로, 고려 왕조를 지키고자 하였으나 이방원에게 살해당하였어요. ④ 조광조는 중종 때 등용된 사림 세력의 인물로, 개혁을 추진하였으나 기묘사화 때 제거되었어요.

3 조선의 도읍, 한양

조선 시대 땅의 신과 곡식의 신에게 제사를 지내던 곳은 사직단이에요.

왜 답이 아닐까? ① 숭례문은 한양 도성의 남쪽 문이에요. ③ 성균관은 조선 시대 최고 교육 기관이에요. ④ 명동 성당은 대한 제국 시기에 세워진 천주교 교회 건물이에요.

자료 더 보기 **4대문의 이름과 담긴 뜻**

흥인지문 (동대문)	• 어질 인(仁) 사용 • 뜻: 어진 마음을 흥하게 한다.
돈의문 (서대문)	• 의로울 의(義) 사용 • 뜻: 옳은 마음을 북돋운다.
숭례문 (남대문)	• 예의 예(禮) 사용 • 뜻: 예의를 숭상한다.
숙정문 (북대문)	• 지혜 지(智)와 같은 뜻의 정(靖) 사용 • 뜻: 엄숙하게 다스린다.

4 종묘의 의미

조선 시대 역대 왕과 왕비의 신주를 모신 사당은 종묘예요. 조선 건국 이후 한양으로 수도를 정한 후 가장 먼저 지어진 건물이기도 해요.

왜 답이 아닐까? ② 경복궁은 조선 시대 궁궐 중 가장 먼저 지어진 으뜸 궁궐이에요. ③ 보신각은 시간을 알리기 위해 치던 종을 걸어둔 건물이에요. ④ 사직단은 땅의 신과 곡식의 신에게 제사를 지내는 사당으로, 한양이 수도로 정해진 후 종묘와 함께 경복궁보다 먼저 지어졌어요.

자료 더 보기 **종묘사직**

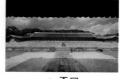 

▲ 종묘　　　　　▲ 사직단

'종묘사직'이라는 말은 종묘와 사직을 합한 것으로, 왕실과 나라를 통틀어 이르는 말입니다. 종묘는 역대 왕과 왕비의 위패를 모신 곳이고, 사직단은 농사와 관련해 토지의 신인 '사'와 곡식의 신인 '직'을 모신 곳입니다.

5 태종의 업적

호패법을 실시한 왕은 태종이에요. 태종은 왕권을 강화하기 위해 왕족과 공신들이 가지고 있던 사병을 없앴어요.

왜 답이 아닐까? ① 홍문관을 만든 왕은 성종이에요. ② 『경국대전』을 완성한 왕은 성종이에요. ③ 집현전과 경연을 없앤 왕은 세조예요.

자료 더 보기 **태종의 왕권 강화 정책**

- 공신들의 사병을 없앴습니다.
- 전국을 8도로 나누고 지방관을 파견하였습니다.
- 호패법을 실시하여 세금을 거둘 대상과 군역 대상을 파악하였습니다.

▲ 호패

6 집현전의 역할

세종은 집현전을 학문 연구 기관으로 삼고 학자들이 연구한 내용을 정책에 반영하였어요.

왜 답이 아닐까? ② 홍문관은 성종이 집현전을 계승하여 세운 관이에요. ③ 성균관은 조선의 최고 교육 기관이에요. ④ 의정부는 조선의 국정 총괄 기관이에요.

7 서원의 역할

밑줄 그은 '이곳'은 지방 사림 세력이 지방에 세운 교육 기관이자 유학자를 모시고 제사를 지내던 서원이에요.

왜 답이 아닐까? ② 향교는 조선 시대 지방에 설치한 공립 교육 기관이에요. ③ 성균관은 조선 시대 한양에 설립한 최고 교육 기관이에요. ④ 4부 학당은 조선 시대 한양에 있었던 중등 교육 기관이에요.

자료 더 보기 서원

▲ 소수 서원의 명륜당　　▲ 소수 서원의 전경

조선 시대에는 사림이 성장하면서 전국적으로 서원이 세워졌습니다. 서원은 검소한 선비 정신에 따라 간소한 양식으로 화려하지 않게 꾸민 것이 보통이고, 주위의 자연환경과 조화를 이루며 자리하고 있습니다. 서원은 제사를 지내는 공간인 사당과 교육하는 공간인 강당 등을 갖추고 있습니다.

≫ 키워드 낱말 퍼즐

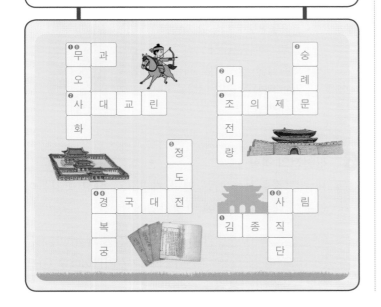

다음은 우리나라 위인을 나타낸 카드이다. 초성 힌트를 보고, 위인 카드의 주인공이 누구인지 써 보자.

카드 앞면　　카드 뒷면

ㅅ ㅈ ㄷ ㅇ

세종대왕

조선의 네 번째 왕으로,
과학 기술과 문화를 크게 발전시켰다.
집현전을 만들어
학문을 연구하도록 하였고,
백성을 사랑하는 마음으로
훈민정음을 창제하였다.

≫ 정리해 보자!

❶ 훈민정음　　❷ 해례본　　❸ 용비어천가

- -

1 ㉠: 백성, ㉡: 스물여덟

2 ㉡

3 ②

1 세종은 모든 말을 소리 나는 대로 쓸 수 있고 누구나 쉽게 배울 수 있는 훈민정음을 창제하였어요. 이것은 백성이 스스로 뜻을 표현할 수 있도록 하기 위함이었어요. 세종은 새로 28글자를 만들어 반포하였답니다.

2 세종은 훈민정음으로 조선 건국의 정당성을 강조하는 『용비어천가』를 편찬하였어요. 이 책은 한글로 편찬한 첫 번째 책으로, 이성계의 5대 할아버지인 목조에서 태종까지 그들이 한 훌륭한 일들을 이야기하였어요.

3 훈민정음의 창제 목적과 원리를 밝힌 『훈민정음』 해례본은 세종 때 편찬되었어요. 이 책은 유네스코 세계 기록 유산에 등재되어 있지요. 한편, 세종은 집현전을 학문과 정책 연구 기관으로 운영하였어요. ① 균역법을 실시한 왕은 영조예요. ③『경국대전』은 성종 때 완성되었어요. ④ 원산 학사는 조선 후기에 원산에 세워진 근대 교육 기관이에요.

다음은 조선 시대 과학 기구 전시회의 안내문이다. 초성 힌트와 그림을 보고, 과학 기구의 이름을 써 보자.

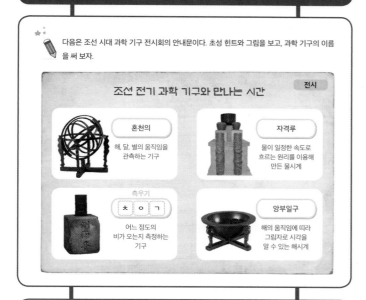

조선 전기 과학 기구와 만나는 시간 전시

혼천의
해, 달, 별의 움직임을 관측하는 기구

자격루
물이 일정한 속도로 흐르는 원리를 이용해 만든 물시계

측우기
ㅊ ㅇ ㄱ
어느 정도의 비가 오는지 측정하는 기구

앙부일구
해의 움직임에 따라 그림자로 시각을 알 수 있는 해시계

》 정리해 보자!

❶ 농사직설　　　　❷ 측우기　　　　❸ 자격루

----

1 농사직설

2 (1) 혼천의 (2) 앙부일구 (3) 자격루

3 ①

1 조선은 백성의 삶을 안정시키기 위해 농업을 중시하였어요. 세종은 우리나라의 풍토에 맞는 농사 방법을 정리할 것을 명하였고, 그에 따라 『농사직설』이 편찬되었어요.

2 낱말 카드에서 천체를 관측하는 기구는 혼천의가 있어요. 해의 그림자로 시각을 알 수 있는 시계는 앙부일구, 물의 양에 따라 시각을 알려 주는 자동 시계는 자격루예요.

3 조선 시대 노비 출신으로 혼천의, 자격루 등의 제작에 참여한 인물은 장영실이에요. ② 정몽주는 고려 말 온건한 개혁을 주장한 신진 사대부로, 고려 왕조 유지를 주장하였다가 이방원에게 죽임을 당하였어요. ③ 최무선은 고려 말의 무신으로, 화약 제조법을 개발하고 화약 무기를 만들었어요. 이를 이용해 왜구를 크게 물리치기도 하였어요. ④ 홍대용은 조선 후기의 실학자예요. 간의 등을 만들었으며 지구가 자전한다는 지전설을 주장하였어요.

다음 그림은 조선 시대의 신분 제도를 보여 준다. 그림에서 양반으로 보이는 사람을 찾아 동그라미 해 보자.

》 정리해 보자!

❶ 양반　　　　❷ 중인　　　　❸ 천민(천인)

----

1 (1) ㉡ (2) ㉢ (3) ㉠ (4) ㉣

2 승경도

3 ②

1 조선의 신분 제도는 법적으로 양인과 천인으로 구분하였으나 실질적으로는 양반, 중인, 상민, 천민으로 신분이 구분되었어요. 양반은 가장 높은 신분으로 관리와 그 일가를 말하고, 중인은 하급 관리와 전문직에 종사하는 사람들을 말해요. 상민은 농·어민, 상인 등이었어요. 천민은 가장 낮은 신분으로 대부분이 노비였으며 무당, 광대, 백정 등도 천민에 속하였어요.

2 승경도는 말을 놓아 낮은 관직에서부터 차례로 승진하여 먼저 최고 관직에 이르는 편이 이기는 놀이예요. 이를 통해 양반집 자제들이 자연스럽게 조선 시대의 복잡한 관직 체계를 이해할 수 있었어요.

3 의관, 역관 등 전문직과 서리 등 하급 관리가 포함된 신분은 중인이에요. ① 양반은 문반과 무반 관리와 그 일가를 말해요. ③ 상민은 조선 시대 백성의 대부분을 차지한 농민, 상인 등 나라에 세금을 내고 군역을 지는 신분이에요. ④ 천민은 가장 낮은 신분으로 대부분 노비였으며, 백정, 무당, 광대 등도 천민에 해당해요.

7주 1일

다음은 조선 시대의 중요한 가정 행사인 '관혼상제'를 나타낸 것이다. 사다리를 타고 내려가 관혼상제가 무엇을 의미하는지 알아보자.

》 정리해 보자!

❶ 삼강행실도　　　❷ 사군자　　　❸ 분청사기

---

1 삼강행실도

2 ㉠: 분청사기, ㉡: 백자

3 ④

1 세종 때 편찬된 『삼강행실도』는 글을 잘 모르는 백성을 위해 유교의 덕목을 그림과 함께 설명해 놓은 책이에요. 우리나라와 중국의 충신, 효자, 열녀 등의 이야기가 실려 있어요.

2 조선의 선비들은 유학을 중시하며 검소하게 생활하고자 하는 사람이 많았는데, 이 영향으로 화려한 청자 대신 분청사기와 백자 등이 유행하였어요. 분청사기는 청자에 백토 가루를 발라 구워 낸 자기이고, 백자는 하얀색의 바탕 흙 위에 투명한 유약을 발라 구워 만든 자기예요.

3 세종의 아들이었던 안평 대군이 꿈에서 본 무릉도원 이야기를 당시 도화서의 화원이던 안견에게 시켜 그림 그리게 하였어요. 이 그림이 「몽유도원도」예요. 이 그림은 현실 세계와 이상 세계를 조화롭게 묘사하고 있어요. 도화서는 조선 시대에 그림 그리는 일을 담당하던 관청이에요.

7주 2일

》 도전! 한국사능력검정시험

1 ①　　　**2** ③　　　**3** ①　　　**4** ①

5 ④　　　**6** ②

1 세종의 업적

조선의 네 번째 왕으로, 집현전을 설치한 왕은 세종이에요. 세종은 훈민정음을 창제하였어요.

왜 답이 아닐까? ② 『목민심서』는 조선 후기 실학자 정약용이 쓴 책이에요. ③ 백두산정계비는 조선 후기 조선과 청의 국경을 정한 비석으로, 숙종 때 세워졌어요. ④ 수원 화성을 건설한 왕은 정조예요.

2 세종 대의 과학 기술

세종은 과학 기술 발전에 힘썼어요. 이 과정에서 장영실이 등용되어 여러 과학 기구를 발명하기도 하였어요. 자격루, 측우기, 앙부일구는 모두 세종 대에 만들어진 기구예요.

왜 답이 아닐까? ③ 거중기는 무거운 물건을 들어 올리는 기구로, 조선 후기에 정약용이 만들었어요. 거중기는 수원 화성을 건설할 때 이용되었어요.

자료 더 보기　세종 대의 여러 과학 기구

▲ 혼천의　　▲ 자격루　　▲ 측우기

세종 대에는 천체 관측 기구인 혼천의와 간의, 시간을 측정하는 앙부일구와 자격루, 비의 양을 측정하는 측우기 등이 제작되었습니다.

3 『농사직설』 편찬

조선 세종 때 우리나라의 기후와 풍토에 맞는 최초의 농서인 『농사직설』이 편찬되었어요.

왜 답이 아닐까? ② 『동의보감』은 조선 후기에 허준이 편찬한 의학 서적이에요. ③ 『삼국사기』는 고려 시대 김부식이 쓴 역사서로, 우리나라에서 현존하는 가장 오래된 역사서예요. ④ 『직지심체요절』은 고려 시대에 금속 활자로 인쇄된 책이에요.

『농사직설』

세종은 백성이 농사를 잘 지을 수 있도록 농서를 편찬할 것을 명하였습니다. 이에 따라 각 지역의 경험 많은 농부들에게 농업 기술을 들은 후 그 내용을 모아 『농사직설』을 편찬하였습니다.

4 조선의 신분 제도

양반은 조선 시대 최고 신분으로, 본래 문반과 무반을 가리키는 말이었어요.

왜 답이 아닐까? ② 중인은 전문직에 종사하는 사람들과 하급 관리들이 속한 신분이에요. ③ 상민은 백성의 대부분을 차지하는 농민, 그리고 상인, 수공업자 등이 속한 신분이에요. ④ 천민은 가장 낮은 신분으로, 대부분 노비였어요.

자료 더 보기 조선의 신분 제도

양인	양반	• 과거를 통해 관리가 되어 나랏일에 참여하는 관리 및 그 가족 • 땅과 노비를 소유할 수 있음.
	중인	• 양반과 상민의 중간 신분 계층 • 의관, 통역관, 하급 관리 등
	상민	• 농업, 어업, 수공업, 상업 등 종사자 • 세금 납부와 군역의 의무가 있음.
천인	천민	• 신분이 가장 낮은 계층 • 노비, 백정, 광대, 무당, 기생 등

5 『삼강행실도』 편찬

세종 때 백성을 교육하기 위해 편찬한 책으로 우리나라와 중국의 충신, 효자, 열녀의 이야기를 글과 그림으로 설명한 책은 『삼강행실도』예요.

왜 답이 아닐까? ① 『칠정산』은 한양을 기준으로 한 역법서로, 세종 때 편찬되었어요. ② 『농사직설』은 우리 기후와 풍토에 맞는 농사법을 정리한 책이에요. ③ 『동의보감』은 광해군 때 허준이 편찬한 의학 서적이에요.

자료 더 보기 『삼강행실도』

우리나라와 중국의 서적에서 군신·부자·부부의 삼강에 모범이 될 만한 충신·효자·열녀의 행실을 모아 만든 책입니다. 백성을 교육하기 위해 그림도 포함하여 만들었습니다.

6 「고사관수도」

강희안이 그린 「고사관수도」는 커다란 바위에 기대어 유유자적하게 물을 바라보고 있는 선비의 모습을 그린 그림이에요.

왜 답이 아닐까? ① 「작호도」는 호랑이와 까치를 그린 그림으로, 조선 후기에 많이 그려진 민화 가운데 하나예요. ③ 「세한도」는 조선 후기 김정희가 제주도 유배 시절에 그린 그림이에요. ④ 「몽유도원도」는 안견이 안평 대군의 꿈을 그린 그림이에요.

자료 더 보기 조선 전기의 회화

▲ 「몽유도원도」　　　▲ 「고사관수도」

조선 전기에는 회화에서 산수화와 문인화가 많이 그려졌습니다. 대표적인 산수화는 「몽유도원도」로, 세종의 아들이었던 안평 대군이 꿈에서 본 무릉도원의 모습을 안견에게 이야기하여 안견이 그린 그림입니다. 한편, 문인화는 전문적인 화가가 아닌 사대부가 취미로 그린 그림을 의미합니다. 대표적인 문인화로는 강희안이 그린 「고사관수도」가 있습니다.

》 키워드 숨은 낱말 찾기

자	실	대	살	들	침	동	건	상
바	격	의	부	삼	강	행	실	도
두	해	루	장	면	이	근	망	백
도	구	라	영	밤	정	조	개	머
잠	장	돼	분	발	서	화	훈	숙
윤	기	청	하	동	후	려	민	원
제	사	펭	나	사	금	독	정	김
기	부	수	마	직	완	쟁	음	예
형	양	반	남	설	여	담	함	린

나랏말쓰미

다음은 임진왜란 때 일본군이 부산으로 쳐들어왔을 당시의 모습을 담은 「동래부 순절도」이다. 여자들이 기왓장을 던져 일본군에 맞서는 모습을 골라 ✔표 해 보자.

》정리해 보자!

❶ 명   ❷ 이순신   ❸ 학익진

1 (가) → (다) → (나)

2 (1) ㉠ (2) ㉢ (3) ㉡

3 ④

1 (가) 도요토미 히데요시가 일본을 통일한 후 조선을 침략하여 임진왜란이 일어났어요. (다) 임진왜란의 첫 번째 전투는 수만 명의 일본군이 신식 무기인 조총으로 무장하고 공격해 온 부산진 전투예요. 관군의 연이은 패배로 일본군은 빠르게 한양으로 올라갔지만, (나) 이순신이 이끄는 수군이 승리하고 김시민, 권율 등 관군이 활약하면서 전세는 달라졌어요.

2 조선의 주력선인 판옥선은 작고 빠른 일본 배에 비해 속도는 느렸지만 방향을 바꾸기가 쉬웠고 높이가 높아서 배에서 아래를 향해 화살을 쏠 수 있었어요. 그 위에 덮개를 덮은 거북선은 1층에서 노를 젓고 2층에서 대포를 발사할 수 있었어요. 한편, 조선은 화포를 이용하여 멀리까지 날아가는 포를 쏴 일본 수군을 공격하였어요.

3 부산으로 쳐들어온 일본군은 부산진을 함락시키고 동래부로 들어왔어요. 동래 부사 송상현은 군인들과 함께 일본군에 맞서 싸웠지만, 그는 전사하였고 성은 함락되었어요.

다음 지도는 임진왜란 당시 활약한 인물과 그 지역을 나타낸 것이다. 초성 힌트를 보고, 인물의 이름을 써 보자.

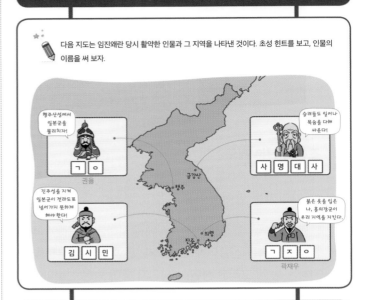

》정리해 보자!

❶ 곽재우   ❷ 진주   ❸ 행주

1 (1) 정문부 (2) 김시민 (3) 서산 대사

2 곽재우, 권율, 행주 대첩, 서산 대사, 거북선

3 ③

1 일본의 침입으로 나라가 어려워지자 곽재우, 정문부, 조헌을 비롯한 의병이 곳곳에서 일어났어요. 무관이었던 정문부는 의병장이 되어 함경도를 지켜 냈어요. 서산 대사는 직접 전장에 나섰을 뿐만 아니라 격문을 돌려 승려들이 싸우도록 했어요. 패전을 거듭하던 관군 역시 진주성에서 김시민이 관민과 함께 일본군과 싸워 승리하였어요.

2 임진왜란 때 조선 수군은 거북선과 판옥선으로 큰 승리를 거두었어요. 곽재우, 서산 대사를 비롯한 의병들이 활약하였고, 권율이 이끄는 관군이 일본군을 물리치고 행주 대첩에서 크게 승리했어요.

3 수군과 의병의 활약에 이어 조선의 관군도 일본군에 승리를 거두었어요. 그 대표적인 전투가 진주 대첩과 행주 대첩이에요. 3만여 명의 일본군이 전라도로 향하는 길목의 진주성을 공격했을 때 진주 목사 김시민은 관군을 이끌고 진주성의 백성과 힘을 합쳐 일본군과 싸워 진주성을 지켜 냈어요.

다음 그림은 명량 대첩 당시 조선 수군이 사용한 전술을 나타낸 것이다. 조선의 배는 몇 척인지 세어 보자.

조선의 배

일본의 배

정답: 13 척

》정리해 보자!

❶ 정유재란 　　❷ 명량 　　❸ 명

---

1 ㉡ → ㉢ → ㉠

2 (1) 명량 대첩　(2) 노량 해전

3 ④

1 정유재란으로 일본이 다시 쳐들어오고 원균이 이끄는 수군이 대패하자 선조는 옥에 갇힌 이순신을 다시 삼도 수군통제사에 임명하고 남해로 가게 했어요. 명량에서의 승리로 전쟁의 상황은 달라졌고 일본군의 상황은 나빠졌지요. 그러던 중 도요토미 히데요시가 죽자 일본군은 철수하였어요.

2 이순신이 남해로 돌아갔을 때 싸울 수 있는 배는 겨우 12척, 군사는 120여 명뿐이었지만 이순신은 다시 병사와 군량, 무기를 모아 군대를 꾸렸어요. 그리고 133척의 일본 대군을 물살이 빠른 울돌목으로 유인해 명량 대첩에서 대승을 거두었어요. 하지만 철수하는 일본군을 공격한 최후의 결전인 노량 해전에서 이순신 역시 총탄에 맞아 전사했어요.

3 이순신 장군은 철수하는 일본군을 살려 보낼 수 없다며 노량 앞바다로 유인해 최후의 결전을 펼쳤어요. 하지만 이순신 장군은 전투 중 총탄에 맞아 전사했어요.

다음은 조선 시대의 문화유산을 소개한 것이다. 초성 힌트를 보고, 책을 엮어 만든 사람이 누구인지 써 보자.

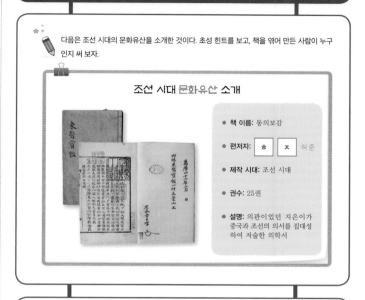

조선 시대 문화유산 소개

● 책 이름: 동의보감

● 편저자: ㅎ ㅈ 허준

● 제작 시대: 조선 시대

● 권수: 25권

● 설명: 의관이었던 지은이가 중국과 조선의 의서를 집대성하여 저술한 의학서

》정리해 보자!

❶ 광해군 　　❷ 동의보감 　　❸ 중립 외교

---

1 ㉠: 명, ㉡: 후금

2 원일

3 ③

1 광해군은 지원군을 보내 달라는 명나라의 요청에 군대를 보냈지만 강홍립에게 상황에 따라 판단하라는 명령을 하여, 후금에 쉽게 항복하도록 했어요. 광해군의 중립 외교는 쇠퇴하고 있는 명나라에 대한 의리보다 강성해진 후금과의 관계를 고려한 선택이었어요.

2 명나라는 임진왜란 이후 나라의 힘이 약해졌고, 이를 틈타 만주에서 여진족이 후금을 세우고 세력을 키워 나갔어요. 이때 광해군은 세력이 약해진 명나라와 강력한 후금 사이에서 중립 외교를 펼쳤어요. 여진을 상대로 4군 6진을 개척하고, 왜의 쓰시마섬을 토벌한 것은 세종 때의 일이에요.

3 밑줄 그은 '나'는 광해군이에요. 광해군은 왕위에 오른 후 전란으로 큰 피해를 입은 한양의 성곽과 궁궐을 복구하고 백성을 위해 세금 제도를 개혁했어요. 또 강성해진 후금과 쇠퇴하는 명나라 사이에서 중립 외교를 펼쳤어요.

다음은 한국사 신문이다. 초성 힌트를 보고, 신문 기사 속에 등장하는 □□ 안에 들어갈 말을 써 보자.

》정리해 보자!

❶ 인조   ❷ 친명배금   ❸ 강화도

1 (다) → (나) → (가)

2 인조

3 ①

1 인조와 서인 정권은 친명배금 정책을 펼쳤어요. 후금은 광해군 폐위를 구실로 조선을 공격했고, 인조는 강화도로 피신했어요. 각지에서 일어난 의병의 공격으로 상황이 여의치 않자 후금이 조선과 형제 관계를 맺고 철수하면서 정묘호란은 끝이 났어요.

2 인조는 서인과 함께 반정을 일으켰어요. 인목 대비는 반정이 성공하자 광해군을 폐위하고 능양군(인조)을 왕위에 오르게 했어요. 인조는 즉위 초 이괄의 난으로 공주까지 피신했고, 친명배금 정책으로 정묘호란이 일어나자 강화도로 피신을 가기도 했어요.

3 인조반정으로 정권을 잡은 서인이 친명배금 정책을 펼치자, 후금은 이괄의 난으로 조선이 혼란해진 틈을 타 황해도 지역까지 쳐들어왔어요(정묘호란). ② 4군 6진이 개척된 것은 세종 때의 일이에요. ③ 기유약조는 임진왜란 후에 일본과 조선이 체결하였어요. ④ 천리장성은 당의 침입을 막기 위해 고구려가 국경에 축조한 성이에요. 고려 시대에는 거란의 침입 이후 북방 민족의 침입을 막기 위해 쌓기도 하였지요.

다음 그림은 병자호란 당시 인조가 삼전도에서 청 태종에게 항복하는 장면이다. 인조가 누구일지 동그라미 해 보고, 당시 조선의 상황을 생각해 보자.

》정리해 보자!

❶ 청   ❷ 남한산성   ❸ 삼전도

1 ㉠, ㉣, ㉤

2 ㉠: 남한산성, ㉡: 삼전도비

3 ③

1 병자호란이 일어나자 인조와 신하들은 남한산성으로 들어갔어요. 하지만 남한산성이 청나라 군대에 포위되고 추위와 식량 부족의 어려움 속에서 최명길은 청과 화의할 것을, 김상헌은 청에 맞서 싸울 것을 주장했어요. 결국 인조는 남한산성을 나와 삼전도에서 청나라 태종에게 항복했어요.

2 병자호란이 일어나자 인조는 남한산성으로 피란하여 항전하였어요. 그러나 결국 삼전도에서 청에 항복하고 청나라와 군신 관계를 맺었어요.

3 청나라가 공격해 오자 인조와 신하들은 남한산성으로 들어갔어요. 신하들은 후금과 화의를 하자는 사람들과 후금에 맞서 싸우자는 사람들로 나뉘어 대립했어요. 남한산성에서 45일간의 항전 끝에 인조는 삼전도에서 청나라 태종에게 항복하였어요. ① 화통도감은 고려 말에 설치된 화약과 무기를 만드는 관청이에요. ② 진주 대첩은 임진왜란 당시의 전투예요. ④ 황룡사 구층 목탑은 고려 때 몽골의 침입으로 불탔어요.

다음은 효종이 아버지인 인조에게 보낸 가상 편지이다. 초성 힌트를 보고, 편지의 ☐☐☐ 안에 들어갈 말을 써 보자.

아버님,

어제 꿈에 아버님이 보여 이렇게 편지를 올립니다.

청나라가 침입한 이후 아버님께서 삼전도에서 치욕을 겪으셨던 것이 아직도 생생합니다.

병자호란 이후 신하들 사이에서 청을 공격하여 전쟁에서 패배한 부끄러움을 씻자는 **ㅂ ㅂ ㄹ**이 등장하였습니다.
북벌론

그래서 제가 왕이 되면 꼭 청에 복수하겠노라 다짐해 왔고, 마음이 맞는 신하들과 함께 준비를 하고 있습니다.

계획을 꼭 성공하여 아버님의 치욕을 씻겠습니다.

기다려 주세요.

말풍선: 북쪽 오랑캐를 정벌하자!!

》정리해 보자!

❶ 북벌론   ❷ 북학   ❸ 통신사

---

1 (1) 북벌 (2) 연행사 (3) 통신사

2 ㉠: 일본, ㉡: 임진왜란

3 ③

1 병자호란 이후 많은 조선 사람이 청나라에 끌려갔는데, 그중에는 소현 세자와 봉림 대군, 이 두 명의 왕자도 있었어요. 나중에 봉림 대군은 조선에 돌아와 왕이 된 후 북벌을 주장하였어요. 그러나 효종이 죽으면서 북벌을 실행에 옮기지는 못했어요. 병자호란 후 조선은 청의 도읍인 베이징(연경)에 연행사를 보냈어요. 한편, 임진왜란 이후 일본의 무사 정권은 조선에 통신사를 다시 파견해 줄 것을 요청하였지요.

2 통신사는 조선에서 일본으로 보낸 외교 사절단이에요. 임진왜란 이후 일본의 요청으로 다시 파견되어 외교적 역할뿐만 아니라 학문, 사상, 예술 등 문화 교류의 역할도 하였어요.

3 임진왜란 이후 일본에서는 도쿠가와 이에야스가 새로운 정권을 세우고, 조선에 국가 교류를 다시 할 것을 요청했어요. 일본의 요청에 따라 조선은 일본에 외교 사절단인 통신사를 파견하였어요.

》도전! 한국사능력검정시험

1 ②   **2** ①   **3** ④   **4** ③

5 ④   **6** ②   **7** ③   **8** ①

1 임진왜란의 발발

신립이 탄금대에서 일본군에 맞서 싸운 곳은 충주예요. 부산으로 상륙한 일본군이 한양을 향해 올라오자 조선 조정은 일본군을 막기 위해 충주로 신립을 보냈으나 신립은 전투에서 패배하였어요.

왜 답이 아닐까? ① 임진왜란 당시 조선은 평양까지 일본군에 빼앗겼으나 명의 지원을 받아 평양성을 탈환하였어요. ③ 임진왜란 당시 진주에서는 두 차례에 걸쳐 큰 전투가 일어났어요. 첫 번째 전투에서는 김시민의 지휘로 일본군에 승리하였으나, 두 번째 전투에서는 진주성이 일본군에 함락되었어요. ④ 임진왜란 때 송상현이 동래성을 지키기 위해 싸웠으나 조총으로 무장한 일본군에게 패하여 성이 함락되었어요.

자료 더 보기   도요토미 히데요시

▲ 도요토미 히데요시의 일본 통일과 조선 침략

도요토미 히데요시는 100여 년에 걸친 일본의 혼란한 시대를 통일했습니다. 이에 도요토미 히데요시는 내부에 있는 불만 세력의 힘과 관심을 다른 곳으로 돌리기 위해 명나라를 정벌하는 길을 내어 달라는 구실로 조선을 침략하였습니다.

2 권율의 행주 대첩

임진왜란 당시 의병과 관군이 힘을 합쳐 행주산성에서 큰 승리를 거두었어요. 이때 행주 대첩을 이끌었던 인물은 권율이에요. 행주산성에서 일본군을 무찌르면서 한양을 되찾을 수 있었어요.

왜 답이 아닐까? ② 김시민은 진주 대첩에서 활약한 인물이에요. ③ 강감찬은 고려 시대에 거란의 침입에 맞서 귀주 대첩을 지휘한 인물이에요. ④ 을지문덕은 고구려의 장수로, 수의 군대를 살수에서 크게 물리쳤어요.

3 홍의장군 곽재우

임진왜란 때 의령에서 의병을 일으켜 활약하고 홍의장군이라고 불린 인물은 곽재우예요.

왜 답이 아닐까? ① 계백은 백제의 장수로, 황산벌 전투에서 신라군에 맞서 싸웠으나 전사하였어요. ② 윤관은 고려 시대에 별무반을 이끌고 여진을 정벌하여 동북 9성을 쌓은 인물이에요. ③ 최무선은 고려 후기 무신으로, 화약 무기를 개발하여 진포에서 왜구를 크게 물리친 인물이에요.

4 거북선

거북선은 갑판을 덮고 쇠못을 박았기 때문에 적들이 쉽게 배로 뛰어오르지 못했어요. 주로 맨 앞에서 적진을 공격하는 역할을 하였지요. 일본군의 대열이 무너지면 그 틈을 타 판옥선이 집중 공격하여 일본의 배를 침몰시켰어요.

왜 답이 아닐까? ④ 판옥선은 2층 구조로, 노를 젓는 군인과 포를 쏘는 군인이 다른 층에 배치되어 서로 방해받지 않고 전투에 집중할 수 있던 조선의 군선이에요.

5 이순신의 명량 대첩

이순신이 진도의 울돌목에서 133척의 일본군 배에 맞서 13척의 배로 승리를 거둔 전투는 명량 대첩이에요. 이순신은 울돌목에서 조류의 흐름을 잘 이용하여 일본군을 크게 물리쳤어요.

왜 답이 아닐까? ① 홍산 전투는 고려 말 최영이 왜구를 크게 물리친 전투예요. ② 진포 대첩은 고려 말 최무선이 화약 무기를 이용하여 왜구를 물리친 전투예요. ③ 행주 대첩은 임진왜란 당시 권율이 행주산성에서 일본군을 물리친 전투예요.

6 임진왜란의 전개와 결과

명나라가 조선에 지원군을 파병한 것, 정문부가 함경도에서 의병을 이끈 것, 이순신이 한산도 앞바다에서 승리한 것은 모두 임진왜란 중 있었던 사실이에요. ② 인조의 아들인 소현 세자와 봉림 대군이 청에 인질로 끌려간 것은 병자호란 때의 일이에요.

7 광해군의 중립 외교

광해군은 명나라와 후금 사이에서 중립 외교 정책을 폈어요.

왜 답이 아닐까? ① 4군 6진은 조선 세종 때 개척되었어요. ② 동북 9성은 고려 시대에 여진을 정벌하고 쌓았어요. ④ 고려 시대 거란의 1차 침입 당시 서희가 담판을 통해 강동 6주를 획득하였어요.

8 병자호란

인조가 남한산성으로 피란해 청에 대항한 전쟁은 병자호란이에요. 인조는 이곳에서 항전하였으나 결국 청에 항복하였어요.

왜 답이 아닐까? ② 임진왜란은 1592년 일본이 조선을 침략하여 일어난 전쟁이에요. ③ 삼포왜란은 중종 때 부산포, 제포, 염포 등 삼포에 거주하고 있던 일본인들이 폭동을 일으킨 사건이에요. ④ 병인양요는 고종 때 병인박해가 원인이 되어 프랑스군이 강화도를 침략한 사건이에요.

자료 더 보기 병자호란

원인	후금이 조선에 임금과 신하의 관계를 요구했으나 조선은 명나라와 친하게 지내고 후금을 멀리하였습니다.
과정	• 후금이 나라 이름을 '청'으로 바꾸고 조선을 다시 침략하였습니다. • 한성이 함락되고, 인조와 신하들은 남한산성으로 피신하였습니다. • 삼전도에서 굴욕적인 항복을 하였습니다.
결과	• 조선은 청나라와 임금과 신하의 관계를 맺었습니다. • 소현 세자와 봉림 대군을 비롯한 많은 사람이 청나라에 인질로 잡혀갔습니다.

》키워드 낱말 퍼즐

사진 출처

엔터프라이즈 게티이미지(http://enterprise.gettyimageskorea.com/)

3주 3일 ②(중), 5주 2일 ③, 5주 3일 ③, 6주 5일 ①, 7주 3일 ①, 7주 4일 ③(하), 8주 3일 ③(하), 8주 4일 ③

문화재청 국가문화유산포털(http://www.heritage.go.kr/)

4주 1일 ③, 4주 1일 ④(중), 4주 2일 ②(중3, 하), 4주 2일 ④(하1, 하4), 4주 4일 ②(중, 하1, 하3), 5주 2일 ④, 6주 3일 ④(상1, 상2, 하), 6주 4일 ①(상1, 상2, 하2), 6주 4일 ③(상1, 하1, 하2), 7주 1일 ④(중2, 하2), 7주 2일 ①(하1, 하3, 하5), 7주 2일 ②(상2), 7주 2일 ④(하1), 8주 1일 ①(상, 하), 바른답 알찬풀이 19(상1, 상2, 하), 바른답 알찬풀이 20(1, 2)

문화재청 전통문화포털(http://www.kculture.or.kr/)

1주 2일 ③, 3주 3일 ②(하1, 하2, 하3, 하4), 4주 1일 ②(하2), 4주 1일 ④(하)

e뮤지엄(http://www.emuseum.go.kr/)

3주 4일 ③(중, 하1, 하2), 3주 4일 ④, 4주 1일 ②(하3), 4주 2일 ②(중2), 4주 2일 ③(하2), 4주 2일 ④(하2), 4주 3일 ②(상2, 하), 4주 3일 ③(중1, 중2, 중3, 중4, 중5, 중6, 하), 4주 3일 ④(중1, 중2, 중3, 하1, 하3), 4주 4일 ②(하2), 4주 4일 ③(상1, 상2, 하), 4주 4일 ④(하4), 4주 5일 ②(하1), 4주 5일 ③(상3, 중3, 중4, 하3, 하4), 4주 5일 ④(상1, 상2, 상3), 5주 4일 ③, 6주 2일 ④, 6주 3일 ③, 6주 3일 ④(상3), 6주 4일 ④, 6주 5일 ③, 6주 5일 ④, 7주 1일 ②, 7주 1일 ③(하1, 하2), 7주 1일 ④(상, 중1, 하1), 7주 2일 ①(상), 7주 2일 ②(상1, 하1, 하2), 7주 2일 ③(상1, 하1), 7주 2일 ④(상1, 상2, 상3, 하2)

연합포토(http://www.hellophoto.kr/)

1주 4일 ③, 2주 5일 ②, 4주 1일 ②(하1), 4주 2일 ②(중1), 4주 2일 ③(중1, 중2, 하1), 4주 2일 ④(상, 중, 하3), 4주 3일 ③(중7), 4주 3일 ④(하2), 4주 5일 ①, 4주 5일 ③(상1, 상2, 하2), 4주 5일 ④(상4), 6주 4일 ①(하1), 6주 4일 ③(상2, 상3), 7주 1일 ③(상1, 상2), 7주 2일 ①(하2, 하4), 7주 2일 ③(상2, 하2), 7주 4일 ③(상), 8주 3일 ③(상), 8주 5일 ①, 8주 5일 ③(상, 하), 8주 5일 ④(상, 하1, 하2)

셔터스톡(https://www.shutterstock.com/kr/)

1주 1일 ④, 4주 3일 ②(상1), 7주 3일 ③

기타

2주 4일 ①, 3주 3일 ②(상) | 고려대학교 박물관(http://museum.korea.ac.kr/)
3주 2일 ④ | 국립고궁박물관(https://www.gogung.go.kr/)

메모